Un caso criminal de oficio de la justicia eclesiástica

Colección

La aventura de la vida cotidiana.
Historia – Investigación

Directora de la colección: Pilar Gonzalbo Aizpuru

CENTRO DE ESTUDIOS HISTÓRICOS

Un caso criminal de oficio de la justicia eclesiástica

Antonio Rubial García

EL COLEGIO DE MÉXICO

271.9097253
R8961c

Rubial García, Antonio

Un caso criminal de oficio de la justicia eclesiástica / Antonio Rubial García – 1a. ed. – Ciudad de México : El Colegio de México, Centro de Estudios Históricos, 2017.

131 p. : il. ; 16.5 cm (Colección La aventura de la vida cotidiana)

ISBN 978-607-628-196-3 (obra completa)
ISBN 978-607-628-197-0 (volumen)

1. Monjas – México – Ciudad de México – Vida social y costumbres – Historia – Siglo XVII. 2. San Joseph, Antonia de – Procesos criminales, litigios, etc. 3. Derecho eclesiástico – México, Ciudad de México – Casos. 4. Ciudad de México (México) – Vida social y costumbres – Siglo XVII. 5. Escándalos sexuales – México – Ciudad de México – Historia – Siglo XVII. I. t. II. Ser.

Primera edición, 2017

Carretera Picacho-Ajusco 20
Ampliación Fuentes del Pedregal
Delegación Tlalpan
14110 Ciudad de México, México
www.colmex.mx

ISBN 978-607-628-196-3 (obra completa)
ISBN 978-607-628-197-0 (volumen)

Impreso en México

Índice

PRIMERA PARTE
Un encuentro inesperado
9

SEGUNDA PARTE
La ciudad de México
a finales de una centuria conflictiva
17

TERCERA PARTE
Una historia de amor y poder
76

CUARTA PARTE
El revés de la trama o cómo un documento
refleja la vida cotidiana
93

Obras citadas
128

PRIMERA PARTE
Un encuentro inesperado

A mediados de los años ochenta del siglo pasado, me encontraba en Sevilla haciendo una investigación en el Archivo General de Indias sobre la orden de San Agustín en el siglo XVII, ocupando mis mañanas entre los papeles del repositorio y las tardes y noches en la lectura de novelas de tema histórico. Una mañana especialmente árida saltó, de manera inesperada, un documento titulado "Autos y papeles de un caso criminal de oficio de la justicia eclesiástica"; la curiosidad morbosa me llevó a leerlo. Se trataba de una copia del proceso seguido en el provisorato del arzobispado de México en 1693, por orden del arzobispo Francisco de Aguiar y Seixas, contra la religiosa sor Antonia de San Joseph por haber roto la clausura monacal y haber tenido trato "ilícito" con el fraile agustino fray Pedro Velázquez. Buen tema para una película, pensé. Sin embargo, la urgencia de mi investigación no me permitía detenerme en cuestiones aparentemente marginales al tema que me ocupaba; el "caso criminal" tuvo que ser relegado por el momento, aunque su presencia perturbó mi concentración durante varios días y llenó los insomnios que, al principio esporádicos, se volvieron cada vez más constantes. Era como si un virus, agazapado en los viejos papeles, se hubiera metido en mi cerebro y se estuviera apoderando poco a poco de él.

Algunas semanas después, nuevos datos sobre el caso criminal volvieron a salir a mi encuentro y llenaban otros sectores de ese rompecabezas cuyas piezas se iban embonando en una trama fascinante. Fray Pedro, el implicado, parecía tener una relación muy cercana con fray Diego Velázquez de la Cadena, hermano del secretario de gobernación y guerra que, rara coincidencia, también se llamaba Pedro. Por otro lado, el caso criminal, junto con los otros documentos en los que estaba implicado el padre De la Cadena, habían llegado al Consejo de Indias gracias a la obsesión de otro fraile, fray Joseph Sicardo. El papel central que tuvo en la trama y su peculiar personalidad se fueron delineando en la numerosa correspondencia que sostuvo con los agustinos novohispanos y que se conservaba en cuatro legajos archivados por el Consejo y de los que el "caso criminal" formaba parte.

Los nuevos descubrimientos trajeron otras incógnitas que llevaron a nuevas búsquedas y a más prolongados insomnios. La ansiedad esperaba el día para ir al archivo y ver las sorpresas que me deparaban los legajos. La trama me fue atrapando hasta convertirse en una obsesión que me perseguía día y noche. Por entonces descubrí que la otra religiosa que había estado involucrada en el caso, sor María de la Trinidad, era hija del mercader Diego del Castillo, personaje cuyo yerno, Domingo de la Rea, arrendaba a la real Hacienda el importante asiento del pulque. Cuando llegué a México la historia ya estaba casi contada, pero las clases, la dirección de tesis y otros trabajos académicos comenzaron a distraer mi atención y disminuyeron los efectos del virus que había "pescado" en Sevilla. No obstante, el daño ya estaba hecho y en cada libro que revisaba y en muchas de las tesis que leía brotaban datos que me remitían siempre al "caso criminal" que se había apoderado de mi mente como una enfermedad.

Un año después de mi regreso a México, al revisar los libros antiguos del fondo reservado de la Biblioteca Nacional, una última pieza salió a mi encuentro: era la biografía del personaje antagónico, el arzobispo Francisco de Aguiar y Seixas, escrita por su amigo y confesor Joseph de Lezamis en la época en que sucedió el hecho.[1] No había ya

[1] Lezamis, *Dedicatoria y breve relación...*

duda, el destino, ese dios ciego hijo del Caos y de la Noche, me eligió para ser la voz que contara esa historia. En mis ratos libres comencé a leer todo lo que encontré sobre el periodo en que aconteció el relato, pues varios personajes mestizos del barrio de La Merced también habían estado involucrados en la historia. Debía saber cómo eran las fiestas públicas y privadas, las corridas de toros, las peleas de gallos, las comidas, los vestidos, los muebles, los bailes, los ritos mágicos y religiosos, los viajes, los caminos. La localización espacial del hecho en la ciudad de México y su circunscripción temporal al último tercio del siglo XVII me ayudaban a delimitar el estudio, pero tampoco había muchos trabajos sobre el periodo y tuve que remitirme a las fuentes de primera mano: narraciones de viajeros, crónicas religiosas, poemas, textos literarios y cartas. El único conocimiento histórico factible es aquel que se hace a partir de las huellas dejadas por los hombres del pasado y mi necesidad primordial era apegarme lo más posible a esos testimonios. Los tres volúmenes del *Diario de sucesos notables* de Antonio de Robles me habló de las noticias que conmovieron a los habitantes de la ciudad y a mis personajes.[2] Las memorias de via-

[2] Robles, *Diario de sucesos notables.*

je que dejó el napolitano Giovanni Gemelli Careri me permitieron ver a los capitalinos con los ojos críticos de un extranjero.[3] El *Teatro mexicano* de fray Agustín de Vetancurt me permitió ambientar la ciudad de México, con sus templos y conventos y con su complejo entramado social.[4] Las apreciaciones de Carlos de Sigüenza y Góngora sobre el motín que asoló a la capital en 1692 me dieron abundante material acerca de la situación social de los grupos marginados y sus reacciones ante la miseria y el hambre.[5]

Y junto a la riqueza narrativa, el reflejo de la realidad plasmado en la plástica, en los biombos, en los cuadros de castas, en los lienzos que conservaron jirones y destellos de la vida cotidiana de entonces. Los retratos fueron también de gran ayuda para conocer los rostros de algunos de los personajes principales y de varios secundarios, rostros del poder gracias a los cuales podía intuir personalidad y carácter. Fue tan exhaustiva la investigación sobre los testimonios de la época y encontré tal cantidad de material para entender el ambiente en el cual vivieron esos personajes, que a partir

[3] Gemelli Careri, *Viaje a la Nueva España.*

[4] Vetancurt, *Teatro mexicano.*

[5] Sigüenza y Góngora, *Alboroto y motín…*

de ella escribí otro libro sobre la vida cotidiana de la ciudad de México en la época de sor Juana Inés de la Cruz.[6] También de la investigación que me había llevado al Archivo de Indias originalmente se derivó un segundo producto, un libro sobre la orden agustina y de la provincia del Nombre de Jesús en el siglo XVII.[7]

Por las mismas fechas aparecía en castellano la novela *El nombre de la rosa* de Umberto Eco y estaba causando furor.[8] Además, varios historiadores como Carlo Cipolla y Natalie Davis daban a conocer sus primeros acercamientos literarios a temas del pasado. El primero con un interesante trabajo sobre una epidemia en la Italia del siglo XVII;[9] y la segunda con su magistral *Regreso de Martin Guerre*, un caso de suplantación en la Francia del XVI.[10]

[6] Una primera versión de este texto apareció con el título *La plaza, el palacio y el convento. La ciudad de México en el siglo XVII* (México, Conaculta, 1998). Años después se publicó una segunda edición corregida: *Monjas cortesanos y plebeyos. La vida cotidiana en la época de Sor Juana* (México, Taurus, 2005).

[7] *Una monarquía criolla. La provincia agustina de México en el siglo XVII* (México, Conaculta, 1990).

[8] Madrid, Akal, 1990.

[9] *¿Quién rompió las rejas de Monte Lupo?*, Barcelona, Muchnik, 1984.

[10] Barcelona, Llamentol, 2011.

Aunque ambos conservaban ciertos rasgos de obra académica y no llegaban a ser verdaderas novelas, el tratamiento de temas históricos a partir de una anécdota llevó a estos autores a ejercitar un género que rayaba en la literatura.

Por otro lado, el tema de las desviaciones de la disciplina religiosa en los conventos femeninos se prestaba sin duda a un tratamiento morboso, muy explorado por los literatos. En el tiempo en que trabajaba en mi novela salía a la venta el libro de Fernando Benítez *Los demonios en el convento. Sexo y religión en la Nueva España*,[11] texto de una seriedad académica muy cuestionable, que se dirigía a un público ávido de historias fantasiosas sobre la vida sexual de estas mujeres encerradas de por vida. Desde el siglo XVII, los literatos europeos habían tratado el tema, siempre con el interés de explotar el morbo de sus lectores. Las seis cartas de amor despechado de la célebre monja portuguesa sor Mariana Alcoforado dirigidas a su amante francés circularon en los salones parisinos de la época de Luis XIV y merecieron ser citadas por Molière y por La Fontaine. La monja de Monza, sor Virginia María de Leyva, emparedada trece años, entre 1609 y 1622, por su licenciosa conducta, se con-

[11] México, Ediciones Era, 1985.

virtió en una leyenda que mereció la atención de los autores románticos del siglo XIX, Manzoni entre ellos. Pero fue sin duda la aparición en el siglo XVIII de la novela *La Religiosa*, de Denis Diderot, lo que mayor impacto tuvo en la formación de los "mitos" sobre las monjas. El caso criminal que me había encontrado podía recibir un tratamiento similar, o bien darle un enfoque social y político, en el cual el tema sexual quedara supeditado a una visión más amplia y general sobre los valores, las creencias y las prácticas de la época en que había vivido sor Juana Inés de la Cruz. De este interés nació la elaboración de mi novela *Los libros del deseo*[12] y este pequeño ensayo es una recapitulación de lo que fue la aventura de escribirla.

[12] Con dos ediciones: México, Conaculta, 1996; México, Editorial Grijalbo, 2004.

Segunda parte
La ciudad de México a finales de una centuria conflictiva

La segunda mitad del siglo XVII fue para la ciudad de México, para la Nueva España y para el imperio español una época de profundos cambios. En el ámbito imperial, la crisis financiera y política que vivía la monarquía hispánica en la época de Carlos II anunciaba el declive de su poderío en Europa. Un rey inepto, unos validos ambiciosos y una aristocracia más preocupada por sus intereses que por el bien común, no fueron capaces de usufructuar los enormes recursos que le llegaban de América procedentes de los impuestos sobre el comercio y la minería. Por la ausencia de una infraestructura económica adecuada y a causa de los cuantiosos gastos que se erogaban para mantener el aparato burocrático y las continuas guerras en las que España estaba embarcada, se generó la fuga constante de estos capitales hacia los centros financieros y manufactureros que surgían en el norte de Europa.

Frente a una España en crisis, en los virreinatos americanos de Nueva España y Perú se fortalecían las economías regionales alrededor de sus capitales administrativas, las cuales concentraban la comercialización de los recursos agrícolas, ganaderos y manufacturados y la riqueza proveniente de la minería y del comercio. El crecimiento económico se vio también favorecido por el aumento de la población, perceptible desde 1650, con lo cual se fortaleció la producción al incrementarse la fuerza de trabajo y el consumo, y por la colonización de las regiones norteñas desde el Bajío. En los siglos XVII y XVIII la Nueva España era un territorio en expansión gracias al descubrimiento de yacimientos argentíferos y a la penetración misionera que realizaban franciscanos y jesuitas, a pesar de las continuas amenazas de rebeliones y ataques indígenas. La ciudad de México, como capital del virreinato, atrajo hacia sí mucha de esa riqueza y eso benefició a varios sectores sociales que pudieron subvencionar los gastos en edificios, fiestas, impresos, imágenes, retablos y un tren de vida de lujo y despilfarro que contrastaba con la miseria en que vivían la mayor parte de sus habitantes.[13]

Como todas las sociedades occidentales de su tiempo, la novohispana se regía por una estratificación social marcada por criterios estamentales sancionados por las leyes civiles y religiosas. Des-

[13] Rubial, *Monjas, cortesanos y plebeyos*, pp. 43 y ss.

de la Edad Media, la monarquía y la Iglesia consideraron que Dios había instituido tres órdenes sociales inmutables: clérigos, nobles y campesinos. Con el crecimiento del mundo urbano, el "orden" comenzó a definirse a partir de los privilegios estamentales, con lo cual los trabajadores fueron desplazados del esquema y en su lugar se colocaron los nuevos ricos, los mercaderes. El Estado protegió a los estamentos privilegiados con leyes especiales, fueros, exenciones tributarias y, en el caso del clero, con juzgados propios.

Además del criterio estamental, la sociedad virreinal, como la medieval, se regía a partir del corporativismo. Las corporaciones eran el medio por el cual los individuos podían hacer valer sus derechos ante el Estado y recibir asistencia social. El gremio, la cofradía, el consulado, la provincia religiosa, el cabildo civil o eclesiástico y la universidad eran las instancias de representación social. Por medio de ellas, las autoridades podían vigilar el cumplimiento de obligaciones fiscales y legales, dirimir disputas y vigilar la observancia de estatutos internos. Quien no pertenecía a una o varias corporaciones estaba marginado del orden social.

Paralelamente a las estructuras jurídicas medievales funcionaron en la sociedad novohispana los criterios étnicos, nacidos desde el momento mismo de la conquista. Desde principios del siglo XVI los misioneros y la Corona española pusieron en práctica una política segregacionista al crear dos repúblicas autónomas e independientes entre sí, sujetas a distintas leyes, tribunales y autoridades religiosas y civiles: la de indios y la de españoles. La protección de los primeros contra los abusos y el mal ejemplo de los segundos fue el pretexto para tal separación, y para demarcar la distribución urbana de la población; al poco tiempo de conquistada la ciudad de México, a los españoles se les dieron los solares del centro (la traza), mientras que a los indios se les confinaba a los barrios periféricos. Las veinticinco calles de la traza española, algunas anchas y bien dispuestas, contrastaban con las caóticas de los cinco barrios indígenas de Tlatelolco, San Juan, San Pablo, Santa María y San Sebastián con su aglomeración desordenada de chozas.

Pero muy pronto tal afán separatista se vio frustrado pues, en unas décadas, las dos "repúblicas" se mezclaron y ambos grupos invadieron mutuamente sus áreas urbanas. Muchos españoles comenzaron a vivir en los barrios indígenas y la traza se llenó muy pronto con habitantes nativos. Por otro lado, la llegada de esclavos negros y filipinos y las mezclas raciales crearon situaciones no contem-

La acequia mayor y los diversos estratos sociales; Juan Antonio Prado (atribuido), *Una mirada a la Plaza Mayor de México en el siglo* XVIII (detalle). Museo Nacional de Historia.

pladas por la primera política de segregación. La sociedad se vio forzada a reconocer una nueva forma de diferenciación, la calidad de las personas, definida a partir de su actividad, su vestimenta y sus vínculos corporativos, clientelares o familiares y no a partir de su procedencia étnica.[14]

En la base social de la ciudad se encontraban los macehuales, siendo la mayoría de ellos emigrados de los pueblos vecinos de habla náhuatl o de regiones más distantes, mixtecos, otomíes, mazahuas, etc. El proceso de "ladinización", es decir, de asimilación de la lengua y de la cultura de los españoles, fue homogeneizando a los distintos grupos, aunque algunos, como los mixtecos, lograron mantener su identidad e incluso consiguieron la creación a fines del siglo XVII de una parroquia especial para ellos en la iglesia de Santo Domingo. Jurídicamente, los indios poseían una situación privilegiada pues estaban exentos del pago de diezmos y de alcabalas, se les consideraba situados fuera de la jurisdicción inquisitorial del Santo Oficio y bajo la tutela de un tribunal especial en la Audiencia. Sin embargo, su situación real era deplorable. Las leyes paternalistas les prohibían usar armas, andar a caballo y vestirse a la española y eran

[14] Gonzalbo, *Vivir en Nueva España…*, pp. 65 y ss.

apremiados a desempeñar los trabajos menos remunerados, con lo que se acentuaba y remarcaba su situación de miseria y la explotación. Esta era más notable en el ámbito rural, donde casi todos los indios eran agricultores; en las ciudades podían mejorar su situación desempeñando algún oficio y compitiendo, en igualdad de condiciones, con los demás grupos sociales.

En apariencia, los esclavos africanos y asiáticos se encontraban en una situación jurídica menos privilegiada que los indios, pues llegaron a América en calidad de mercancía. Sin embargo, por su alto costo, en las ciudades vivían una situación real mucho más favorecida. Como capataces, artesanos o trabajadores domésticos, los esclavos disfrutaban de libertades e incluso del derecho de quejarse a las autoridades por malos tratos. Además como cristianos podían casarse e incluso pertenecer a cofradías. Mediante el ahorro o gracias al testamento de un amo dadivoso, muchos fueron liberados y tendieron a asimilarse al resto de la población. Este proceso se vio favorecido, además, porque a partir de la segunda mitad del siglo XVII, a raíz de la guerra con Portugal, el tráfico de africanos se redujo notablemente.

La disminución de negros y filipinos, al igual que la de los indios, tuvo también otra causa: el mestizaje. Desde el siglo xvi, la falta de mujeres blancas y la escasez de esclavas negras propició una intensa comunicación sexual con las mujeres indígenas. En la mayoría de los casos, los hijos nacidos de esas relaciones eran ilegítimos, por lo que el término "mestizo" era usado a menudo como sinónimo de bastardo. Tal ilegitimidad propició una serie de prohibiciones hacia afromestizos e indomestizos (como recibir las órdenes sacerdotales, ocupar cargos públicos, desempeñar algunos oficios, sobre todo los que manejaban metales, etc.) y mucha discriminación. A menudo se les denominaba con el epíteto "gente vil y despreciable" y se les daban nombres infamantes como "mulato", "coyote", "salta atrás", "no te entiendo". Tal discriminación motivó que muchos mestizos biológicos se definieran a sí mismos como españoles, cuando el reconocimiento de su progenitor se los permitía; o bien se asimilaban a la comunidad indígena de sus madres.

El ser macehual o mestizo no constituía un estatus diferente al que se daba a la plebe en el ámbito europeo, razón por la cual los descendientes de los antiguos linajes señoriales indígenas buscaron identificarse con la nobleza ibérica y pudieron usar el título de don, portar armas, andar a caballo, conseguir blasones de linaje y vestirse a la es-

La fuente y el aguador; Juan Antonio Prado (atribuido), *Una mirada a la Plaza Mayor de México en el siglo* XVIII (detalle), Museo Nacional de Historia.

pañola. Además de ser nombrados para ocupar los cargos de república, es decir, la dirigencia de los cabildos indígenas, esta nobleza se erigió en la representante de sus comunidades y muchos de ellos emparentaron con los españoles.

En la cúspide de la pirámide socioeconómica se encontraban los blancos denominados con el nombre genérico de "españoles". Entre ellos, sin embargo, también había marcadas diferencias pues mientras algunos vivían desahogadamente otros, en cambio, eran muy pobres, convivían y se mezclaban con indios, mulatos y mestizos y compartían con ellos las penurias y trabajos. Otra diferenciación procedía del lugar de nacimiento que los clasificaba en criollos, los blancos nacidos en América, y peninsulares, aquellos emigrantes de España y Portugal. Desde fines del siglo XVI, el número de criollos había aumentado considerablemente y los peninsulares comenzaron a discriminarlos tachándolos de relajados, jugadores, ineptos y flojos, vicios todos que se atribuían a la convivencia con los indios y a que sus nodrizas indígenas les trasmitían esas características con la leche con que los amamantaban. Pero más que la discriminación verbal, a los criollos les afectaba la marginación de los puestos rectores de la política, sobre todo de las alcaldías mayores y corregimientos, por medio de los cuales se controlaba la mano de obra y el tributo indígenas.[15]

Sin embargo, al pertenecer al grupo de los españoles, los criollos tenían todos los privilegios y los derechos de los peninsulares, entre otros el de la educación superior. A mediados del siglo XVI, los criollos comenzaron a desarrollar una actitud de resentimiento contra la Corona y sus funcionarios que les estaban quitando los privilegios y encomiendas que habían heredado de sus padres, los conquistadores. A fines del siglo un incipiente orgullo patrio los llevó a exaltar su tierra y a sus habitantes y a exigir ser considerados españoles de primera. A lo largo del siglo XVII y en el XVIII ese sentimiento se convirtió en una conciencia de ser diferentes, reforzada por la grandeza del pasado azteca y por los prodigios realizados en su territorio por imágenes milagrosas y por varones y mujeres santos.[16]

A pesar del crecimiento incesante del grupo criollo, los peninsulares nunca llegaron a desaparecer. En un flujo constante arribaron a Nueva España a lo largo de los tres siglos de dominación española. Algunos, sobre todo los extremeños, los andaluces

[15] Alberro, *Del gachupín al criollo…*

[16] Rubial, *El paraíso de los elegidos*, pp. 251 y ss.

y los castellanos, terminaron por asimilarse a la sociedad virreinal y a mezclarse con ella. Otros, como los vascos y los portugueses (judíos conversos y criptojudíos en su mayoría) formaron unidades muy cerradas. Finalmente, a la población blanca de la ciudad de México también pertenecía un reducido número de europeos, casi todos procedentes de las zonas dominadas por España, como Italia y Flandes, o de algún territorio católico como Irlanda o algunas regiones de Alemania. Clérigos, comerciantes y profesionistas de esas regiones sólo podían pasar a América si traían un permiso especial de la Corona. En 1696 la ciudad de México tenía alrededor de 100 000 habitantes, según los cálculos del viajero Giovanni Gemelli, siendo más de la mitad de ellos mestizos y mulatos.[17]

Los criterios jurídicos y sociales se remarcaban con un tercer elemento de diferenciación: el económico. El estatus y las manifestaciones externas del lujo que daba la posesión de riqueza contrastaba con las condiciones de miseria y los niveles mínimos de subsistencia de grandes sectores de la población urbana. La principal fuente de riqueza que desde el siglo XVI caracterizó a lo que llamaremos la "aristocracia española" fue la propiedad te-

[17] Gemelli, *Viaje a la Nueva España*, p. 22.

rritorial y el control de la mano de obra indígena. Al principio, los beneficiados fueron los conquistadores y sus descendientes, que gracias a las mercedes de tierras y a las encomiendas de indios se convirtieron en el grupo dominante. Sin embargo, de ellos tan sólo unos pocos lograron mantener este estatus; la Corona, con sus leyes restrictivas y con la creación de una burocracia de corregidores, pasó a manos de ellos el control de las comunidades indias. Poco a poco los encomenderos fueron sustituidos por un nuevo sector terrateniente de hacendados descendientes de colonos y funcionarios. Convertidos, gracias al acaparamiento de haciendas, en los principales proveedores de granos, pulque, azúcar y carne a las ciudades, esos propietarios se conformaron como una aristocracia. Criollos en su mayoría, los terratenientes estuvieron marginados de los puestos de control político, aunque pudieron ejercerlo con la compra de cargos públicos y de las alianzas y relaciones con la burocracia virreinal. Pero fue sobre todo en el ayuntamiento de la ciudad de México, donde este grupo encontró no sólo una forma de representación y un ámbito de poder, sino también un medio de controlar el abasto urbano.

Con el fin de evitar la fragmentación del patrimonio y de conservar sus linajes, los terratenientes se sometieron a la institución del mayorazgo. Con sólo demostrar que se poseían tierras suficientes, que la sangre familiar no tenía antecedentes judíos o moriscos y pagando los derechos correspondientes, la Corona se comprometía a mantener la herencia de las propiedades familiares en el hijo mayor y, a falta de él, en sus hermanos menores o en el pariente colateral más cercano.

A fines del siglo XVII, un poco más de un centenar de familias criollas en toda Nueva España acaparaba las tierras más fértiles y afianzaba sus patrimonios a los linajes por medio del mayorazgo y de la endogamia matrimonial. De ellas, sin embargo, tan sólo unas cuantas obtuvieron un título condal o un marquesado. A fines del siglo XVI únicamente había dos de esos títulos: el marqués del Valle de Oaxaca y el conde de Santiago de Calimaya; para fines del XVII su número se había elevado a 18 y eran ya más de 60 para principios del XIX. Estos títulos, otorgados por la Corona por servicios prestados al rey y a la comunidad, traían aparejadas una serie de privilegios como el usar un escudo de armas y el tener un lugar destacado en los actos públicos; pero también conllevaban gastos como los pagos por derecho de lanzas a cambio de no tener que ir a España a luchar al lado del rey.

Esta alta nobleza criolla, desmilitarizada y con un fuerte sentido del honor y de la pureza de sangre, pretendía remontar sus linajes hasta los visigodos, aunque sus obscuros orígenes no daban para tanto. Su carácter nobiliario no estaba reñido, sin embargo, con un cierto gusto por los negocios, y algunos no tenían incluso escrúpulos en alquilar accesorias en sus palacios o en vender directamente los productos de sus haciendas. Para el siglo XVIII hasta hubo terratenientes mineros que se convirtieron en prósperos empresarios que adquirieron títulos nobiliarios.

Uno de los factores que permitieron la consolidación de esa nobleza terrateniente fueron sus alianzas y relaciones con las esferas de la alta burocracia. Desde mediados del siglo XVI la Corona española creó un cuerpo de funcionarios para enfrentar a los encomenderos, cuyos intereses eran muy distintos a los del rey. En un principio, los cargos más altos fueron conferidos a hombres destacados por su nobleza o por sus conocimientos y pericia en los asuntos de gobierno. Virreyes y oidores, enviados siempre desde España, ocuparon sus cargos temporalmente y no echaron raíces en los territorios coloniales. Sin embargo, con el tiempo comenzaron a ser necesarios funcionarios menores en las esferas de gobierno, justicia y hacienda y para su elección empezaron a intervenir otros elementos distintos a los méritos, como eran el pago de favores o de servicios y las necesidades financieras de la Corona.

En efecto, a partir de Felipe II la venta de cargos se convirtió en un monopolio de la Corona, un medio más de enfrentar la atroz bancarrota en la que estaba sumida España después de sus interminables guerras europeas. En su época, los cargos de escribanía, policía, municipio y casas reales de moneda fueron arrebatados a las aristocracias locales y puestos a subasta pública; con ello se evitaba que virreyes y gobernadores los utilizaran como premios para sus partidarios, pero también se introducía la corrupción y la venalidad; quien compraba un cargo buscaba desquitar su costo, y esto no se podía hacer con los míseros salarios que daba la Corona, sino con los negocios y la venta de favores auspiciados por la función pública. Con el tiempo muchos cargos de las oficinas de gobernación, incluso la secretaría mayor, de justicia y de hacienda se pusieron a la venta, como en el caso de Pedro Velázquez de la Cadena. A partir de 1670 se subastaron los corregimientos y alcaldías mayores, encargados de cobrar los tributos en las comunidades indígenas.

En el XVII el sistema se había hecho tan extenso, que se creaban cargos con el único objetivo de venderlos, siendo muchos de ellos meramente honoríficos. Al principio, los cargos vendidos eran vitalicios, pero después algunos se convirtieron en heredables y fueron trasmitidos por testamento como parte del patrimonio. Además, como los cargos podían renunciarse a favor de otra persona, la venta privada de éstos se convirtió en una práctica común, así como el oficio de corredor de cargos. Para comprar uno, muchos echaban mano de préstamos, que eran cobrados a menudo con favores. Para muchos segundones de la aristocracia, la compra de cargos públicos se convirtió en una buena salida, sobre todo en un medio en el que las opciones se reducían a las que ofrecía la carrera eclesiástica. Así muchos criollos tuvieron acceso a un ámbito de poder, lo cual aseguró y consolidó la preeminencia social de sus linajes.

Una de esas familias fue la de los Velázquez de la Cadena. El padre fundador del linaje, el capitán Juan Velázquez de León, era un hidalgo castellano empobrecido nacido en Torrubia del Campo, que había llegado a la Nueva España atraído por sus míticas minas de plata. No sabemos si logró amasar algunas riquezas en Zacualpan, donde vivió un tiempo, pero lo que sí consiguió fue un ventajoso matrimonio con doña Catalina Caballero Sedeño de la Cadena, hija de una familia criolla que remontaba su abolengo a los años inmediatos a la conquista. De los trece hijos engendrados por el matrimonio, tres murieron en la infancia y la mayoría de los restantes, como era lo común, entraron a la vida religiosa. Cinco mujeres (Juana, Catalina, Elvira, Josefa e Isabel) ingresaron en el convento de Santa Inés, cuyo patronazgo detentaba la familia De la Cadena. Nicolás, el más pequeño, era cura en el sagrario de la catedral en 1702 y Diego profesó en la provincia del Santísimo Nombre de Jesús de México de la orden de San Agustín en la década de los cincuenta. Los restantes fueron destinados a ventajosos matrimonios que vincularon a los Velázquez de la Cadena con otras importantes familias criollas: Mariana casó con el capitán Juan Leonel de Cervantes, terrateniente y alcalde mayor en varios lugares y con él tuvo catorce hijos; Juan contrajo nupcias con Juana de Orduña y Sosa, miembro de una familia de hacendados con tierras en Puebla y Veracruz y ocupó las alcaldías mayores de Tehuacán y Miahuatlán.

Pero el más destacado de los miembros de la familia fue sin duda Pedro, el primogénito, que contrajo nupcias por primera vez en 1646 con Francisca de Tovar y Sámano, hija de uno de los secretarios de gobernación y guerra, Luis de Tovar Godínez. Gracias a este matrimonio, Pedro recibió como dote la misma secretaría, que, como uno de los oficios que la Corona ponía a la venta, había sido adquirida por su suegro en 70 000 pesos. A pesar de los numerosos problemas a los que se enfrentó para mantenerse en el puesto (además del pago de otros 60 000 pesos), el desempeño del cargo de secretario de gobernación y guerra durante casi medio siglo le dio a este miembro de la familia una gran preeminencia en la vida política y social de la Nueva España. Con este aval, su hermano fray Diego tuvo una ayuda inestimable ante las autoridades que ocuparon durante ese lapso el palacio virreinal, lo que le permitió, como veremos, convertirse en el dirigente de los agustinos.[18]

Al enviudar de su primera esposa, Pedro contrajo segundas nupcias en 1655 con Elena de Silva y Guzmán, señora de Yecla en Castilla y pariente de los duques del infantado. Aunque con ella tampoco tuvo hijos, este matrimonio acrecentó su prestigio social. Pedro Velázquez de la Cadena era además capitán de infantería, rector de la archico-

[18] Rubial, "Fray Diego Velázquez de la Cadena...", pp. 173-194.

Fray Diego Velázquez de la Cadena,
Santuario de San Miguel de Chalma, Estado de México.

fradía del Santísimo Sacramento de la Catedral, hermano mayor de la cofradía de los caballeros de la Cruz en la parroquia de la Veracruz, caballero de la orden de Santiago desde 1672 y patrono del convento de Santa Inés desde la muerte de su madre en 1678. Como primogénito de la familia heredó dos encomiendas (una en Xilotepec y otra en Querétaro) y una concesión de indios vacos en Pachuca por dos mil pesos de oro, sobre la que sostuvo un largo pleito con la Real Audiencia resuelto a su favor en 1688. Rico y poderoso, don Pedro fue un elemento clave en la vida política y social de su tiempo.

Sin embargo el secretario no tuvo descendencia legítima en ninguno de sus dos matrimonios, por lo que su viuda, en obediencia de su voluntad testamentaria, fundó el mayorazgo Velázquez de la Cadena en su sobrino Diego, hijo de su hermano Juan, quien fue el heredero que continuaría con el apellido de la familia. Este joven se desposó en 1698 con María Rosa de Cervantes Cassaus, familiar de los condes de Santiago, y fue el fundador del marquesado de la Cadena. Otro de sus sobrinos, el hijo de su hermana Mariana, Nicolás Carlos Gómez de Cervantes, emparentado también con los condes de Santiago, fue un ilustre canonista, profesor y rector de la universidad, canónigo de la catedral de México y sería nombrado obispo de Guatemala y de Guadalajara.[19]

Para todos esos grupos que se consideraban a sí mismos "caballeros" era fundamental el demostrar la nobleza de su linaje con un gran sentido del honor. En España ese sentimiento estaba muy relacionado con la "pureza de sangre", es decir, con el orgullo de no tener antepasados cercanos de origen judío o morisco. Pero en América, el honor no bastaba para ser aristócrata, era necesario también mostrar un nivel de vida acorde con el papel social que se tenía y diferenciarse de la plebe indígena y mestiza. Para ello afianzó sus vínculos familiares con los miembros de su grupo, adquirió mayorazgos y títulos nobiliarios y fomentó el ingreso de sus hijos e hijas en todos los sectores del estamento eclesiástico.

Un aspecto central en la construcción de sus redes sociales fue su vinculación con la corte virreinal, que constituía no sólo el espejo más cercano que tenía como modelo para conocer cómo debía comportarse un aristócrata, sino también el espacio en el cual podía obtener beneficios y dádivas y proteger posiciones y privilegios. La nobleza y las

[19] Porras Muñoz, "La calle de Cadena en México", pp. 1-46.

órdenes religiosas supieron acercarse a la corte atrayéndose a virreyes y virreinas con regalos y festejos y consiguiendo para ellos y para sus familiares y corporaciones todo tipo de favores.[20]

Pero no sólo los propietarios territoriales y los funcionarios de la Corona eran considerados "caballeros" en Nueva España; el comercio, actividad que estaba generando enormes fortunas, fue también un medio para insertarse entre los sectores privilegiados de la sociedad. Para el siglo XVI, las actividades mercantiles difícilmente encajaban en la mentalidad aristocrática de los terratenientes, por lo que a fines de la centuria un grupo de emigrados de orígenes modestos comenzó a aprovecharse de la necesidad de abastecer de artículos europeos a la capital y a otras ciudades, sobre todo a los reales de minas. Al principio funcionaron como representantes de las casas comerciales de Sevilla, pero muy pronto se independizaron de ellos. La apertura de la ruta del Pacífico y el control del comercio asiático a partir de 1570, junto con el régimen de monopolio que la Corona fomentaba, propiciaron su rápido enriquecimiento; así, con la creación del consulado de comerciantes

[20] Escamilla González, "Presente el rey por su potencia...", en Rubial (coord.), *La ciudad barroca*, vol. II de *Historia de la vida cotidiana*, pp. 371-406.

de la ciudad de México en 1592, los mercaderes novohispanos desplazaron muy pronto a los andaluces en el manejo de artículos de importación y exportación. Al crecer la demanda de mercancías y los controles fiscales, como la prohibición de comerciar con el Perú, los comerciantes buscaron otras vías de aprovisionamiento como el contrabando, lo que aumentó aún más sus fortunas.

En las ferias de México y Acapulco, estos mercaderes conseguían artículos de Europa, sobre todo vino, aceite y textiles, y los objetos suntuarios del oriente; a cambio de ellos, plata, cueros y tintes, como la cochinilla, salían hacia los centros económicos capitalistas. Por medio de agentes en las ciudades del interior y en los reales de minas los comerciantes enviaban herramientas y bastimentos al norte, y textiles novohispanos a Guatemala y al Perú; asimismo recibían objetos de lujo, como muebles laqueados de Michoacán, huipiles de Oaxaca, imágenes estofadas de Guatemala o cacao de Maracaibo. Propietarios o accionistas de embarcaciones transoceánicas y dueños de recuas de mulas eran los principales transportistas; gracias al manejo de dinero y de libranzas, se convirtieron en los más importantes prestamistas y abastecedores de crédito; con el control de la armada de Barlovento, creada para proteger los galeones españoles de los ataques piratas, se apropiaron del comercio del Caribe.

Durante varias décadas del siglo XVII, el comercio tuvo que hacer frente a una profunda crisis, reflejo de la que vivía el sistema capitalista naciente en Europa; esto obligó a los comerciantes a buscar nuevas formas de aplicar sus capitales; se convirtieron en socios capitalistas de empresas mineras y textiles y aplicaron sus fortunas a la compra de tierras. Los comerciantes tuvieron también acceso al poder político practicando el soborno y, por medio de los corregidores y alcaldes mayores, al control de los mercados indígenas.

A partir de la segunda mitad del siglo XVII, a raíz del crecimiento minero y de la recuperación comercial, algunos mercaderes de la ciudad de México se dedicaron a la compra de lingotes de plata en los centros mineros y los convertían en moneda en la casa de moneda de la capital. Al mismo tiempo abastecían de mercancías y de capitales a la minería y se convertían en los primeros empresarios. Finalmente, gracias al apoyo en armas y dinero que daban para aplacar las continuas rebeliones indígenas en el norte y el sureste, obtuvieron nombramientos de capitanes de milicias. Para el siglo XVIII, con la creación de un ejército regular y de una clase militar profesional, los comerciantes tuvieron que compartir este privilegio con los militares de carrera.

A pesar de sus logros y riqueza, la profesión de comerciante no fue considerada como un oficio noble sino hasta fines del siglo XVII. Por un lado, los terratenientes criollos veían como advenedizos a estos peninsulares nuevos ricos; por otro lado, las fortunas comerciales rara vez sobrevivían a dos generaciones y fue difícil afianzarlas a linajes; finalmente, un buen número de comerciantes pertenecían a grupos cerrados como los vascos o los criptojudíos portugueses, que no estaban interesados en mezclarse con los criollos. De hecho la comunidad judía, perseguida y casi exterminada por el tribunal del Santo Oficio desde mediados del siglo XVII, tuvo que ocultar su origen. No fue sino hasta el siglo XVIII, con el triunfo del espíritu burgués e ilustrado, del que fueron un reflejo las reformas borbónicas, cuando los comerciantes poderosos del consulado llegaron a tener un ascendiente en la aristocracia y comenzaron a emparentar con los terratenientes y a adquirir títulos nobiliarios.

A pesar de ello, desde finales del siglo XVII los sectores dedicados al comercio comenzaron a buscar ennoblecerse siendo las relaciones con las instituciones eclesiásticas las que les otorgaban un mayor estatus, reforzado además por una de las cualidades que más se admiraban en la nobleza: la piedad religiosa. Así, tanto la pertenencia a hermandades y cofradías, como la profesión religiosa de sus hijos e hijas o el pagar la dote matrimonial o conventual de doncellas pobres, se convertía para los comerciantes en un requisito indispensable para entrar en la alta sociedad; estos actos, además de un signo de piedad y prestigio, eran un medio excelente para hacer negocios dentro de este ámbito, en el que los bienes materiales se administraban con la misma avidez que los espirituales. Sin embargo, de todos los actos de piedad, el que mayores beneficios sociales aportaba era el convertirse en patrono de un convento o de una iglesia y cargar con los gastos de su construcción o remodelación; aunque ciertamente este acto estaba restringido sólo a aquellos que poseían una cuantiosa fortuna, sus beneficios "materiales", además de la recompensa celestial, eran enormes.

Uno de esos mercaderes fue Diego del Castillo, un joven granadino llegado a México en 1628 y que, como otros peninsulares, viajó a los reales de Zacatecas y San Luis Potosí en busca de fortuna. Muy posiblemente esto lo llevó a participar en un principio como prestamista, al igual que muchos comerciantes radicados en dichos centros. La falta de dinero en efectivo que había en Nueva España convertía a un comerciante que tenía disponibilidad inmediata de capital líquido en un hombre acaudalado gracias a los intereses que recibía. Durante su estancia en los reales de minas, don Diego descubrió también que había mucha necesidad de metal amonedado y fue entonces, a mediados del siglo XVII, cuando se convirtió en mercader de plata. Este tipo de comerciante, nos dice Bakewell, "era un rescatador a gran escala. Compraba plata en bruto en grandes cantidades y actuaba como proveedor de crédito en gran escala por medio de agentes que vivían en los poblados mineros".[21] Para 1650 Diego del Castillo ya estaba casado con la criolla Elena de la Cruz, pero no tuvieron descendencia, por lo que la pareja decidió adoptar a varios huérfanos. Alrededor de 1653 llegó María y una década después recibían a otra criatura que fue llamada Francisca, como la madre de don Diego. Para este tiempo Castillo ya era miembro de la archicofradía del Santísimo Sacramento, en donde llegó a ser diputado, y es muy posible que esta huérfana procediera del colegio de la caridad que esa hermandad administraba. Conforme su fortuna se acrecentaba y en agradecimiento por ello,

[21] Bakewell, *Minería y sociedad…*, p. 295.

Castillo y su mujer adoptaron otros cuatro niños durante esos años: Diego, José, Rosa y Francisco.

Castillo se comportó con sus hijos adoptivos de la misma forma que un padre de esa época lo haría con los propios. El 10 de julio de 1667 su "primogénita" profesaba en el Real convento de Jesús María, uno de los más prestigiosos de la ciudad, con el nombre de sor María de la Trinidad. Don Diego concedió a su hija adoptiva una celda privada y una casita adosada a los muros del convento, de la que María obtendría alguna renta. Para la iglesia conventual que la albergaría regaló también un retablo dedicado a Cristo crucificado y al apóstol Santiago.

En 1673, un año después de la profesión de María, don Diego casaba a Francisca, su segunda hija, con Domingo de la Rea, un capitán vasco natural de Eribe, en Álava. Domingo era viudo, y de su primera mujer, Josefa de Solís y Palomino había tenido varios hijos. Este hombre se dedicaba al comercio y podríamos decir que era un buen partido. Resultó tan bueno que cinco años después, el 28 de junio de 1678, Castillo lo convirtió en su socio y fundó con él una compañía para el tráfico de plata. Con el dinero que le aportó esta sociedad y al poco tiempo muerto Diego, Domingo y su hermano Juan arrendarían a la Real

Hacienda el importante asiento del pulque de la capital. Antes de morir, Castillo había pagado la conclusión del templo y la remodelación del monasterio de las monjas clarisas de Santa Isabel y había construido a su costa un nuevo convento de franciscanos descalzos en Churubusco. De ambos establecimientos heredó el patronazgo a su yerno La Rea.[22]

De personas como Diego del Castillo opinaba el virrey marqués de Mancera: "los mercaderes y tratantes de que se compone en las Indias buena parte de la nación española se acercan mucho a la nobleza, afectando su porte y tratamiento [...], de manera que se puede suponer que en estas provincias por la mayor parte el caballero es mercader y el mercader es caballero".[23]

Pero no sólo los ricos mercaderes comenzaron a asimilarse a la nobleza y a considerarse "caballeros". Gracias al crecimiento de las actividades productivas en la minería, el comercio en pequeña escala, el transporte, la construcción, las manufacturas suntuarias y la producción agropecuaria, se fortalecieron los sectores medios de la sociedad,

[22] Rubial, "Un mercader de plata...", pp. 143-170.

[23] "Relación del virrey marqués de Mancera a su sucesor (1673)", en De la Torre Villar y Navarro (eds.), *Instrucciones y memorias...*, vol. I, p. 583.

no sólo aumentando sus recursos económicos y su poder adquisitivo, sino también su número. Una amplia gama de mercaderes y obrajeros textiles, los transportistas dueños de recuas de mulas, los medianos propietarios rurales, los profesionistas de diversa índole (abogados, médicos, arquitectos, pintores), los funcionarios medios de los aparatos de gobierno y los caciques indomestizos (que ocupaban "cargos de república") cumplían en algún sentido las funciones de una incipiente burguesía que tenía pretensiones de equipararse a la nobleza. En estos sectores emergentes estaban incluidos los que se consideraban "españoles" (es decir peninsulares, criollos y mestizos acriollados) y los "indios" nobles. Muchos de ellos tenían fuertes lazos con las instituciones eclesiásticas, cuyos contingentes estaban formados en su mayor parte por miembros que pertenecían a ellos, y con la universidad que, junto con la Iglesia, se convirtió en un importante medio de movilidad social.[24]

Todas las familias de la nobleza y muchas de las de los estratos medios de la ciudad tenían varios parientes que pertenecían al clero o eran monjas, por lo cual se hacían cargo de su manutención y de la construcción y remodelación de sus edificios;

[24] Aguirre Salvador, *El mérito y la estrategia…*

con ellos la sociedad laica no sólo estableció vínculos familiares y amistosos, sino que hacía negocios, de ellos recibía préstamos, en sus conventos los mercaderes guardaban sus mercancías y en sus atrios podían pedir asilo quienes eran perseguidos por la justicia.

Por otro lado, aunque los clérigos eran considerados como un estamento privilegiado, la Iglesia no constituía una unidad que actuaba uniformemente y en total acuerdo, pues había dos grandes sectores dentro de ella: el clero secular y el clero regular. El primero tomaba su nombre de *sæculum* o siglo pues sus miembros no llevaban vida comunitaria y estaban sujetos al obispo; el segundo, en cambio, derivaba su apelativo de la regla o *regula* que regía la vida conventual basada en la oración en el coro y en otras prácticas colectivas.

Salvo los jesuitas, a quienes no se les exigía tener vida comunitaria y cuya organización era totalmente vertical, las demás órdenes, llamadas mendicantes, además de la obligación de rezar y comer en común, tenían una organización que les permitía la autogestión. A la cabeza de cada una de dichas órdenes (franciscanos, dominicos, agustinos, carmelitas, mercedarios) había un maestro general que vivía en Roma y de quien dependían las diferentes provincias en que cada orden se subdividía y distribuía por todo el territorio europeo y americano. A cada provincial que las regía estaban sujetos los priores (o guardianes entre los franciscanos), gobernadores de los conventos que formaban la provincia. Para evitar la permanencia de una persona en el poder y promover los cambios, la organización piramidal presentaba además la posibilidad de reunir cada tres o cuatro años a los regidores de los conventos en un capítulo provincial para elegir al siguiente rector de la provincia, a su cuerpo consultivo (definitorio) y a dos visitadores encargados de fiscalizar la actuación de los priores o guardianes en el territorio. Asimismo, en un capítulo general en Roma, algunos de los provinciales sesionaban para sustituir al maestro general que había cumplido su periodo.

La organización mendicante era un reflejo del corporativismo que había nacido en el ámbito urbano y que regulaba los cuerpos sociales bajo los principios del sufragio o elección democrática de los dirigentes, de acuerdo con los lineamientos de un aparato jurídico (constituciones) y con base en un conjunto de símbolos que les daban identidad (hábito propio, santos patronos, escudos de armas, crónicas que exaltaban la actuación de sus miembros ilustres, etc.). Frente al resto de las corporaciones cuyo ámbito de actuación era el entorno urbano, las provincias religiosas ejercían su influencia sobre el extenso territorio donde estaban enclavados sus conventos.[25]

En las provincias americanas durante el siglo XVII, el clero regular había crecido considerablemente con elementos criollos, pues la carrera eclesiástica era una de las pocas salidas para los segundones de las familias españolas, que heredaban al hijo mayor todos los bienes patrimoniales. Muchas consecuencias trajo consigo esta situación siendo la más destacada la instauración de la alternativa entre los dominicos y agustinos y de la ternativa entre los franciscanos de México. Entre 1614 y 1629 el papado ordenó que, en la mayor parte de las provincias de los mendicantes, el oficio de provincial recayera un trienio en peninsular y al siguiente en criollo y que dos de los cuatro definidores y uno de los dos visitadores debían ser elegidos entre los nacidos en España. La alternativa desató una violenta reacción en todos los medios criollos novohispanos y creó una fuerte tensión entre ambas facciones durante varios lustros. En algunas provincias, unos cuantos frailes peninsulares (los que habían solicitado el documento

[25] Rubial, "La vida conventual masculina…", en Rubial (coord.), *La ciudad barroca*, vol. II de *Historia de la vida cotidiana*, pp. 169-192.

pontificio por estar excluidos de los puestos rectores), consideraban que el predominio de elementos criollos en la provincia era la causa de la profunda relajación moral y de la vida religiosa en que se vivía. Ésta, por supuesto era una visión muy simplista, pues había muchos criollos interesados en la reforma de las costumbres, al igual que frailes peninsulares que manipulaban las elecciones para ejercer control y obtener privilegios. Tal situación, por ejemplo, había llevado a los criollos de las provincias de los agustinos y de los franciscanos de Michoacán, en las que eran minoría, a solicitar la alternativa.

En algunas provincias, para contrarrestar los efectos de las alternativas y conservar el control para los criollos, se convirtió en práctica común no recibir en sus filas a frailes peninsulares; además, en los capítulos se manipularon los votos por medio del soborno y la venta de cargos para que los principales oficios de la provincia fueran ocupados por los criollos contrarios a la reforma. Entre los dominicos y los agustinos de la capital está situación provocó que un religioso con gran poder y riqueza (el "monarca") ocupara durante dos o tres trienios el provincialato y eligiera a su antojo a los provinciales que lo sucederían y a las demás autoridades. Para solucionar esos problemas, la Corona envió frailes peninsulares para restaurar las alternativas y visitadores y comisarios para acabar con las prácticas irregulares, pero poco pudieron hacer ante los intereses criollos.[26]

Otra consecuencia de la criollización fue que, con el estancamiento de la evangelización y la reducción de las fundaciones en pueblos de indios, muchos frailes criollos tuvieron que quedarse en los grandes conventos urbanos. Estos funcionaban como noviciados, enfermerías, casas de estudio para los miembros de la orden y centro de gobierno de las provincias, de tal manera que en cada convento de la ciudad de México llegaron a habitar más de 150 frailes. A fin de mantener a tan numerosa población, agustinos y dominicos comenzaron a adquirir haciendas en el campo y casas arrendables en la ciudad. En sus iglesias se asentaban numerosas cofradías de españoles, se hacían enterrar los poderosos terratenientes, se administraban los sacramentos de la penitencia y la eucaristía, además de oficiarse misas dominicales y por las almas del purgatorio, todo lo cual les proporcionaba abundantes limosnas y herencias, de las que también salieron beneficiados los humildes franciscanos.

[26] Rubial, *Una monarquía criolla*..., pp. 30 y ss.

Además de sus casas matrices, dominicos, agustinos y franciscanos tenían sus colegios de estudios teológicos donde se formaban los cuadros rectores de sus provincias: *Porta Cœli* de los dominicos, San Pablo de los agustinos, San Buenaventura de los franciscanos. Los dos últimos funcionaban anexados a templos parroquiales. En esos centros, además de la teología escolástica, los profesores de la orden podían desempeñar sus actividades pedagógicas que les permitían conseguir el nombramiento de maestro numerario o supernumerario, grado necesario para participar como votantes en los capítulos provinciales y acceder a los cargos de prior, definidor, visitador o provincial.[27]

Desde las primeras décadas del virreinato, junto con los conventos y templos de las órdenes, la administración religiosa de la población de la ciudad estaba distribuida en parroquias en las que se bautizaban y casaban españoles, indígenas, negros, mestizos y mulatos. Originalmente los franciscanos visitaban desde la capilla de San José, en el barrio de San Juan, y desde Santiago Tlatelolco, a todos los indígenas de la isla, pero poco a poco comenzaron a fundarse doctrinas independientes

[27] Rubial, "La labor educativa...", en Santana Vela y Urquijo Torres (coords.), *Proyectos educativos...*, pp. 61-94.

en San Sebastián, San Pablo y Santa Cruz, que se dieron a los agustinos, y en Santa María la Redonda, que conservaron los franciscanos. Los españoles, en cambio, eran administrados desde la catedral, que era la sede del arzobispo, pero entre mediados del siglo XVI y finales del XVII se fundaron otras tres en Santa Veracruz, Santa Catarina y San Miguel y fueron entregadas en administración al clero secular.

Además de las tres órdenes originarias, en la ciudad de México tenían conventos los mercedarios, los carmelitas y los franciscanos descalzos y funcionaban tres órdenes hospitalarias (juaninos, hipólitos y betlemitas); todos ellos, a pesar de la oposición que los primeros religiosos hicieron a sus fundaciones, comenzaron a ejercer sus actividades entre la población y a recibir la ayuda de los vecinos. A ellos se unieron los jesuitas, que fundaron en la capital varios colegios para dar instrucción media a los jóvenes criollos.

Para dar cabida a las mujeres criollas surgieron también numerosos monasterios femeninos en los que se seguía una vida de oración y clausura. La escasez de hombres casaderos, la necesidad de proteger a las hijas de los colonos contra los peligros del mundo y el afán de instruir a las niñas en las labores "propias de su sexo", motivaron la creación de estos centros. Pero también debemos entender dichas vocaciones dentro del ambiente espiritual que se vivía entonces y que era el principal motor para que una mujer dedicara su vida entera a la meditación religiosa y al ascetismo.

A diferencia de los conventos de religiosos que estaban organizados dentro de provincias, cada monasterio femenino era autónomo y estaba sujeto a la autoridad del obispo, aunque las franciscanas y las dominicas dependían de los frailes de sus respectivas órdenes. El sostenimiento de esas casas de reclusión provenía de las dotes que pagaban las monjas al ingresar, de las limosnas del rey o de los particulares y de las rentas que producían numerosas casas y los capitales prestados a un interés que fluctuaba entre 3 y 5% anual. Esos bienes eran administrados por unos mayordomos seglares que eran a menudo comerciantes. La mayoría de los conventos femeninos constituían verdaderas ciudadelas amuralladas, con iglesia y coro para la oración comunitaria, un locutorio para la comunicación con el exterior y una serie de casitas distribuidas en la huerta donde cada monja vivía con sus sirvientas, esclavas, niñas educadas y "donadas" indígenas o mestizas. Sin embargo, las instituciones eclesiásticas femeninas y masculinas novohispanas estaban formadas casi exclusi-

Viacrucis. Cristo con monjas agustinas, anónimo, Museo de Arte Religioso de Santa Mónica, Puebla.

vamente por miembros procedentes de los grupos españoles.[28]

Para fines del siglo XVII funcionaban en la ciudad de México 17 monasterios femeninos que seguían muy variadas reglas y de cuya construcción, remodelación y mantenimiento se ocupaban mercaderes y terratenientes que fungían como sus patronos. En ellos se podían distinguir dos distintos tipos de vida monástica. Para algunas reglas, como la carmelita y la capuchina, conocidas como "descalzas", además de no tener sirvientas y de no aceptar niñas educandas, la vida religiosa exigía una mayor renuncia: uso de hábitos de lana burda, comida frugal y comunitaria servida en refectorios comunes y guisada en cocinas comunes, mayor número de ayunos, de penitencias y de rezos. Por su rigidez y austeridad, estos conventos atraían a menos mujeres y eran más pequeños; los tres dedicados a albergar indígenas nobles en el siglo XVIII estuvieron sujetos a estas reglas.

Frente a este ideal de vida rígida, existían comunidades de reglas mitigadas, llamadas de "calzadas", donde llegaron a residir hasta 500 mujeres entre laicas y religiosas. El arzobispo fray Payo y otros obispos permitieron que algunas monjas

[28] Lavrin, *Las esposas de Cristo…*

ricas habitaran en celdas privadas, pequeños apartamentos donde vivían rodeadas de su servidumbre personal, de niñas parientas que se les entregaban para su instrucción y de alguna religiosa pobre (capellana). Aunque en estos conventos también había enfermería, celdas comunales y refectorios para aquellas que seguían vida común, las exigencias en ayunos y disciplinas eran mucho menores que en los conventos de descalzas.

En todos los templos, parroquiales o no, las órdenes religiosas, las monjas y el clero secular fomentaron la creación de cofradías, órdenes terceras y congregaciones a las que pertenecían, dentro de un riguroso ordenamiento, casi todos los grupos sociales. Estas corporaciones fueron creadas para dar a los laicos una mayor participación en la vida religiosa, además de promover la seguridad social, la transmisión de los valores morales y el control de las manifestaciones del culto.

Algunas de esas cofradías surgieron originalmente como asociaciones religiosas de los gremios manufactureros. Para proveer los artículos de lujo y los servicios que requería el estatus de la aristocracia y las necesidades de la Iglesia se movilizaba un considerable número de personas. Maestros pintores, escultores y arquitectos, sastres, guanteros, orfebres, doradores, sombrereros, etc. Varios de ellos llegaron a tener bajo su mando un número considerable de oficiales asalariados, de aprendices y de esclavos. Algunos diversificaron sus actividades, compraron casas y talleres y se convirtieron en empresarios asociándose con comerciantes y funcionarios, con lo que ascendieron socialmente. Los más, sin embargo, mantuvieron una situación desahogada pero sin traspasar las barreras de su clase, aunque la mayoría promovía a sus hijos hacia otras profesiones mejor remuneradas o hacia la Iglesia.

Toda actividad artesanal estaba regulada por estatutos gremiales que estipulaban quiénes podían obtener el grado de maestros para pertenecer a estas corporaciones; los gremios controlaban la cantidad, la calidad y el precio de los productos y los de artículos de lujo limitaban la incorporación de nuevos miembros por medio de elevados costos para los exámenes de maestría y de otros requisitos económicos. Además, sólo aquellos que poseían un taller podían pertenecer a un gremio, con lo que cual el número de agremiados se reducía aún más. Todo esto y una cerrada trama de vínculos familiares y de compadrazgos, impedían a muchos el acceso a los gremios. Sin embargo, aunque al principio el artesanado de lujo estuvo controlado por los europeos, que influyeron en la emisión de leyes que segregaban a los grupos de color, con el tiempo todos los gremios llegaron a tener gente de origen mestizo y mulato.

Otro sector de estas capas medias era el de los profesionistas liberales, médicos, abogados y miembros de la baja burocracia, muchos sacerdotes regulares y seculares egresados de la facultad de Teología o de los colegios de religiosos y numerosas monjas. Finalmente formaban estos sectores medios los comerciantes minoristas de todo tipo, propietarios de un negocio. En el siglo XVII había en la ciudad de México una docena de panaderías, numerosas tiendas de ropa y tabernas, varios expendios de alimentos (cacahuaterías donde se vendía chocolate, almuercerías, pulperías o tiendas de abarrotes), varias imprentas, que también funcionaban como librerías, y una tienda de anteojos.

En general, las capas medias tendían a imitar las formas de vida, valores y comportamientos de la aristocracia, aunque sus ingresos eran a menudo una limitación para poder sostener tal estatus. Así, el matrimonio eclesiástico era considerado una necesidad social, pero las dotes rondaban los 500 pesos; en las funciones religiosas, en los toros y en el teatro debían conformarse con ocupar un lugar secundario; sólo podían ingresar a las cofradías gremiales, asistenciales o profesionales cuyas cuotas módicas podían pagar sin sacrificio y que les permitían participar en las celebraciones religiosas y civiles y obtener los beneficios de seguridad social y gastos funerarios que ellas ofrecían; finalmente sus casas, mobiliario y vestido correspondían al monto de sus ingresos.

Aunque había artistas, artesanos, comerciantes y nobles indígenas que poseían una casa propia, en general las familias de las capas medias habitaban en casas de vecindad, en apartamentos arrendados a maestros de arquitectura o a conventos de monjas o de religiosos o en accesorias que bordeaban las partes bajas de hospitales, conventos y colegios. Conforme crecía la ciudad, las casas de vecindad se fueron extendiendo por los barrios indígenas y se convirtieron en centros de convivencia de todas las etnias y grupos sociales. En ellas alternaban las capas medias con sectores más modestos que habitaban en un cuarto de azotea o en los patios interiores de una vecindad.

Muchos de ellos eran artesanos de artículos de primera necesidad (zapateros, carpinteros, talabarteros), cuya casa funcionaba como habitación, taller y tienda, y que disfrutaban de la estabilidad que les daba el conocimiento de un oficio. Otros eran oficiales asalariados que trabajaban para un artesano de lujo o vendedores ambulantes, mujeres en su mayoría, que vivían de la venta de comida en los puestos del mercado; madres solteras o amancebadas que mantenían a sus hombres desempleados o alcohólicos; hechiceras, curanderas, parteras, prostitutas empleadas en los burdeles oficiales; guardias de los regimientos de mulatos ocupados en la vigilancia y el control de las rebeliones. En estos sectores estaban también los asalariados en los obrajes de Mixcoac, en los molinos y en las panaderías, que a menudo dormían y comían en sus lugares de trabajo. En situación similar se encontraban los aprendices en talleres artesanales, que recibían como pago techo y comida, y servidumbre masculina y femenina de las casas de los ricos y de los conventos.

La mayor parte de esta gente tenía fuertes lazos clientelares con las capas medias y con la aristocracia: vínculos de compadrazgo, sujeción por favores recibidos, deudas acumuladas por préstamos no restituidos. Muchos vivían al día, gracias a que recibían a crédito alimentos, materias primas para sus trabajos y herramientas; a veces entregaban en prenda de esos préstamos sus objetos más valiosos (como las imágenes), pero a menudo lo que traía consigo el endeudamiento era la dependencia social y moral. En tales relaciones (mezcla de paternalismo y servidumbre), no era tampoco raro que los españoles protegieran y ocultaran a sus subal-

El ladronzuelo y la marchanta; Juan Antonio Prado (atribuido), *Una mirada a la Plaza Mayor de México en el siglo XVIII* (detalle), Museo Nacional de Historia.

ternos cuando los perseguían las autoridades (para el cobro del tributo o por un delito) y que testificaran en su favor en los juicios. Algunos de los miembros de estos grupos lograron incluso amasar pequeñas fortunas favorecidos por sus patronos españoles, a quienes debían fidelidad y obediencia. Tales dependencias fueron a menudo los mejores medios para mantener el orden social.

Por debajo de estos sectores "modestos" estaban los marginados, la mayor parte de ellos desempleados o subempleados: peones asalariados de la construcción, albañiles, carpinteros o canteros, jornaleros esporádicos en las obras públicas, en el desagüe y en la limpieza de las acequias; vendedores de pan duro, de ropa usada sustraída a menudo a los cadáveres en los cementerios, ladrones y mendigos; gente, en fin, que deambulaba entre el desempleo y la ocupación esporádica, que vivía en chozas de adobe en los barrios indígenas de Santiago Tlatelolco y San Juan Tenochtitlan, en casuchas de madera levantadas contra los muros de iglesias y conventos o a la intemperie. Había además una numerosa población flotante que, sujeta a los vaivenes de la agricultura, se trasladaba desde los pueblos aledaños a la ciudad y deambulaba por sus calles ofreciendo de puerta en puerta petates, tierra para las macetas, leña, chichicuilotes.

La horca y las vendedoras de comida; Juan Antonio Prado (atribuido), *Una mirada a la Plaza Mayor de México en el siglo XVIII* (detalle), Museo Nacional de Historia.

Para principios del siglo XVIII, más de 70% de la población de la ciudad pertenecía a estos grupos marginados, sujetos al azote continuo de las epidemias y el hambre y acosados por las riñas callejeras, los asesinatos, la embriaguez y la violencia. Para paliar la miseria de esos sectores, la Iglesia y el Estado crearon alhóndigas, hospitales y orfanatos y distribuyeron en los momentos difíciles alimento y ropa entre los necesitados. Sin embargo el problema rebasaba los límites, y también los intereses, de la caridad pública y privada.

Los valores y el comportamiento de estos grupos distaban mucho de los que tenían la aristocracia y las capas medias. Sin patrimonios ni linajes que mantener, el matrimonio por la Iglesia no constituía una necesidad, por lo que el amancebamiento, la bigamia y los hijos ilegítimos eran comunes. La mayor parte de los marginados no participaban de los beneficios corporativos de las cofradías ni tenían los lazos clientelares que les permitieran sobrevivir. Ellos formaron el contingente principal de los amotinados en 1624 y 1692 formado por mestizos, negros e indios pobres, quienes saquearon las tiendas del Parián e incendiaron varios de los edificios públicos de la plaza mayor.[29]

[29] Cope, *The Limits of Racial Domination...*

Además de ser un espacio social, la ciudad de México era un espacio político, y como cabeza del reino de Nueva España en ella se asentaban los dos máximos poderes que representaban a la monarquía: el virrey y el arzobispo. El carácter del imperio español, nacido como un conjunto de reinos aliados sometidos a una monarquía con pretensiones universalistas, marcó el carácter del dominio político de España sobre América. La cabeza del imperio, y por tanto del reino de Nueva España, era el rey, que ocupaba el cargo, de acuerdo con la tradición patrimonialista medieval, por que el designio divino lo había hecho nacer de linaje regio. Para gobernar el extenso imperio el rey se asesoraba de consejeros, y para los asuntos americanos se creó desde 1519 el Consejo de Indias, que tenía en sus manos todos los asuntos relacionados con América: legislación, recopilación de nombramientos, acopio de información geográfica y política, entre otros. El rey y el consejo tenían como obligación moral gobernar conforme a los principios religiosos y de acuerdo con el derecho y nombrar funcionarios civiles y eclesiásticos que velaran por los intereses de la monarquía y del catolicismo.

A la cabeza de esos funcionarios estaba el virrey, quien ocupaba el cargo durante el tiempo que el monarca y el consejo determinaban. El puesto debía recaer en personas experimentadas y de plena confianza, pues ejercían todas las funciones de gobierno en las diversas regiones del virreinato. Los virreyes estaban facultados para modificar e incluso suspender la ejecución de las disposiciones reales; otorgaban mercedes, licencias y autorizaciones en materia de tierras, minas, tributo y trabajo; despachaban instrucciones para las autoridades subordinadas y confirmaban las elecciones municipales; ordenaban la construcción de obras públicas y el abastecimiento de víveres. A pesar de lo extenso de sus funciones, el poder del virrey estaba limitado por la Audiencia de México (tribunal de justicia que tenía jurisdicción sobre un extenso territorio), por los visitadores y por los arzobispos. Además, al final de su gobierno debían someterse, como todos los funcionarios, a un juicio de residencia.

Además de la burocracia civil, la monarquía española tuvo como gran colaboradora política a la Iglesia, cuyo poder en América se acentuó porque la cristianización de los indios fue una de las principales justificaciones de su dominio político y de su explotación económica. Desde mediados del siglo XV hasta mediados del XVI varios pontífices hicieron numerosas concesiones a los reyes españoles que les dieron enormes prerrogativas sobre la

Iglesia en sus territorios conquistados (Canarias y Granada), las cuales se ampliaron después para América. El "Regio Patronato indiano", nombre que recibieron estos privilegios, abarcaba la posibilidad de recaudar y administrar los diezmos (un impuesto eclesiástico que cada feligrés adulto, con excepción de los indios, debía pagar anualmente de su producción agropecuaria), que servirían para edificar iglesias, costear el culto y sustentar a sus sacerdotes; aunque el rey regresó a los obispos esa concesión y sólo mantuvo para sí una mínima porción de ellos. Los reyes quedaron asimismo facultados para crear y dividir las diócesis o territorios de los obispados y autorizar la fundación de nuevos templos y conventos. Quedaba también a voluntad del monarca el permitir o no el paso, difusión y aplicación de bulas y breves, documentos emitidos por el papa por propia voluntad o a petición de los interesados. Esas concesiones fueron implementadas por el Consejo de Indias. Pero sobre todo, por medio del Regio Patronato, la Corona controlaba el nombramiento de fieles obispos que servían de consejeros en los asuntos indianos y delataban las situaciones contrarias a los intereses del estado.

En la época de Felipe II, y a partir de las recomendaciones del Concilio de Trento, la figura del obispo adquirió un importante papel como custodio de la moral pública, como fiscalizador de la actuación de los funcionarios y como promotor de obras de beneficencia. Fue tal la importancia del episcopado que incluso algunos prelados eclesiásticos llegaron a ocupar el cargo de virrey, como Pedro Moya de Contreras, quien además fue visitador e instituyó y presidió el tribunal del Santo Oficio de la Inquisición; este organismo estaba encargado de perseguir las herejías, apoyado por el poder civil, pero que no tenía jurisdicción sobre los indios.

A causa de la evangelización, en América los religiosos ejercían un absoluto control sobre la mayor parte de las comunidades indígenas, por lo cual los obispos tuvieron continuos conflictos con ellos. Uno de éstos fue sobre el cobro de los diezmos, pues los indios, aunque pagaban tributos al rey, estaban exentos de contribuir con esa décima parte de la producción anual que todo cristiano debía entregar a la catedral. Un segundo problema fue que los religiosos pretendían estar fuera de la jurisdicción episcopal, pues decían ser sólo doctrineros en tierras de misión, cuando de hecho para fines del siglo XVI ya funcionaban como párrocos que administraban bautizos y matrimonios. Los prelados exigían pedirles cuentas sobre el cobro de obvenciones parroquiales, hacerles visitas pastorales y nombrar jueces eclesiásticos para dictaminar en materia de matrimonios. Por su lado, los religiosos alegaron que las pretensiones de los obispos eran infundadas y contrarias a las bulas concedidas por los pontífices en su favor (como la llamada Omnímoda), que les otorgaban exención a la obediencia de los obispos. Aunque el conflicto siguió a lo largo de 200 años, en la siguiente centuria se sucedieron una serie de cambios que dieron la preeminencia al episcopado sobre los religiosos.

A mediados del siglo XVII el imperio español vivía una profunda crisis económica y política en Europa, lo que permitió que sus reinos dependientes en América y sus grupos dirigentes, tanto eclesiásticos como seglares, comenzaran a forjar autonomías regionales. Las autoridades nombradas por el rey para gobernar los virreinatos (virreyes, oidores y obispos) supieron manejar esa situación y establecieron pactos con los diferentes sectores sociales novohispanos; sin embargo, esas alianzas provocaron a menudo enfrentamientos entre las mismas autoridades, sobre todo entre los virreyes y los arzobispos. Uno de los temas centrales de tales confrontaciones fue precisamente el de la sujeción que pretendían las autoridades episcopales sobre los religiosos, a los cuales apoyaron los virreyes.

En 1640 llegaban a Nueva España Juan de Palafox y Mendoza como obispo de Puebla y visitador del reino y el duque de Escalona como virrey. Al año siguiente el obispo despojaba a los regulares de 36 parroquias indígenas en la diócesis poblana que habían administrado desde el siglo XVI. En esas fechas 31 curatos franciscanos, tres dominicos y dos agustinos pasaron a manos del clero secular. El obispo-visitador decidió castigar así la actitud altanera de los mendicantes, sobre todo de los franciscanos, que se habían negado a obedecer la orden enviada a los frailes titulares de las parroquias para que se presentaran a ser examinados por los funcionarios episcopales sobre sus conocimientos de lenguas indígenas y de teología moral. Con esta secularización se solucionaba además la falta de empleos que aquejaba al clero diocesano, pues con la medida se daban beneficios a 150 sacerdotes. Aunque en un principio el virrey apoyó a los religiosos, muy pronto fue destituido bajo la acusación de simpatizar con la independencia de Portugal y para sustituirlo en el cargo fue nombrado el propio Palafox.

Con todo el poder en sus manos, el nuevo obispo virrey pudo afianzar sus reformas, aunque sólo ocupó el cargo gubernamental unos meses. De regreso a su diócesis poblana, Palafox se enfrentó con un nuevo conflicto, ahora con los jesuitas, siendo el tema el cobro de los diezmos sobre la producción de sus heredades. Desde unas décadas atrás los obispos americanos habían señalado que, con el incremento de las haciendas y de las huertas en manos de las comunidades religiosas y de los colegios jesuíticos, se habían reducido los ingresos de las catedrales, pues tales bienes, al pasar de los seglares a las instituciones eclesiásticas, dejaban de pagar el diezmo. Después de una fuerte confrontación con la Compañía, el obispo Palafox consiguió que la exención del pago de diezmos que tenían las haciendas de los religiosos fuera revocada por una real cédula de 1655; los jesuitas lograron un trato preferencial y sólo pagarían una tercera parte, pero con esos ingresos no sólo aumentarían los recursos episcopales sino también se daba a los obispos una mayor autoridad. El conflicto entre ambos cleros llegó a ser tan crítico que se habló de la necesidad de celebrar un concilio provincial en 1662, pero la propuesta no encontró eco en los ámbitos burocráticos de la Península, interesados en mantener las pugnas como un medio de control y de equilibrio. Palafox no pudo ver consumado su proyecto pues había salido de Nueva España en 1650 y murió en 1659 como obispo del Burgo de Osma.

Ambos conflictos entre el episcopado y los religiosos, el de las parroquias y el de los diezmos, seguirían afectando por algún tiempo a la Iglesia novohispana; en la época del arzobispo virrey agustino fray Payo Enríquez de Ribera, se obligó a los religiosos a aceptar ser visitados como párrocos por el obispo o por sus delegados, a someterse a los exámenes de lengua y doctrina y a solicitar de los prelados la canónica institución, es decir la autorización de fungir como curas. Pero quizá el más duro golpe para los religiosos fue el nombramiento de jueces eclesiásticos seculares que dependerían del provisorato episcopal y se encargarían de la administración de la justicia eclesiástica y de colaborar con los obispos como informantes, intermediarios y promotores de sus políticas. Con ello se les quitaba a los religiosos la posibilidad de intervenir en asuntos tan importantes como las causas matrimoniales, los permisos para realizar procesiones públicas o la supervisión de las rentas y de los nombramientos de mayordomos de las cofradías. A pesar de las quejas de los frailes, con estos jueces los obispos ejercieron mayores controles sobre las parroquias regulares.

El sucesor de fray Payo en la sede metropolitana, Francisco de Aguiar y Seixas, continuó con esas políticas y tuvo algunos enfrentamientos, sobre todo con los agustinos. Aunque esto no trajo un conflicto aparente con los tres virreyes que le tocaron durante su largo episcopado, su posición como gran benefactor de los pobres después del motín de 1692 debió considerarse como una velada crítica a las corruptelas del virrey conde de Galve. Para muchos, la dadivosidad desinteresada de Aguiar ponía de manifiesto, por contraste, la avaricia del virrey, a quien se le acusaba, junto a los vendedores de cereales, de haber usufructuado la carestía ocultando los granos para subir los precios.

Un paso fundamental en la consolidación del poder episcopal fue el nombramiento en cada una de las diócesis de un vicario general y provisor, encargado de los asuntos de justicia eclesiástica. Este funcionario, que a menudo era uno de los miembros del cabildo de la catedral, fungía como la cabeza del tribunal del provisorato que se encargaba de los casos de idolatrías entre los indios, de las causas matrimoniales, de los escándalos públicos y de juzgar delitos civiles y criminales en los que estuvieran implicados clérigos y monjas. Esta fue la instancia que emitió los autos y papeles del caso que nos ocupa.

Tercera parte
Una historia de amor y poder

El documento que lleva por título "Autos y papeles de un caso criminal de oficio de la justicia eclesiástica", se encuentra en la sección Audiencia de México, legajo 316, del Archivo General de Indias de Sevilla y está fechado en diciembre de 1693. Junto con autos, diligencias y dictámenes, en las cincuenta y tantas fojas que forman el traslado del proceso aparecen cinco declaraciones de testigos y tres confesiones.

El primer testimonio lo dio el clérigo Joseph de Cuéllar. Este declaró haber escuchado en casa de Bernardo de Arrieta, de labios del mozo Antonio Marcos, que una religiosa del convento de Jesús María llamada Antonia de San Joseph había dado a luz a una niña y que el padre de la criatura era un agustino de nombre fray Pedro Velázquez. De labios de este mozo también se enteró que el fraile pasaba al convento por un escotillón abierto en el techo de una casita de la calle de la estampa de Jesús María, adosada a los muros conventuales, y que comunicaba con la celda de la monja. Al principio el testigo tuvo todo esto por mentira, hasta que oyó decir al muchacho que buscaba un caballo para sacar esa noche a la religiosa del convento, pues se quería fugar.

La declaración del clérigo puso en movimiento el aparato jurídico episcopal. El arzobispo Francisco de Aguiar y Seixas nombró al provisor Antonio de Aunsibay para que se encargara del caso y éste inició las averiguaciones. Llegó al convento de las religiosas acompañado de varios alguaciles y descubrió el escotillón y la casita. Con el secreto que ameritaba el escandaloso incidente mandó cerrar el agujero y pidió a la abadesa que mantuviera a sor Antonia incomunicada. Al día siguiente hizo comparecer a los testigos que habían tenido que ver con el hecho.

El primero, Antonio de Sierralta, era un mulato de 24 años, amigo del agustino desde la infancia. El fraile lo había convencido para que ocupara la casita de la calle de la estampa con el fin de tener ahí una persona de confianza. Al enterarse del embarazo de sor Antonia, el fraile dejó en manos de su amigo la solución del problema y se desentendió de él. Antonio buscó entonces gente que le ayudara con el parto, y cuando nació la criatura le encontró un padrino de bautismo, el contador de la aduana Joseph de Contreras. Con Antonio de Sierralta entraron en escena la mestiza Nicolasa de la Encarnación y sus dos hijos Francisca Xaviera y Antonio Marcos, ambos tenidos con diferentes padres. El muchacho, cuya indiscreción había ocasionado que todo se descubriera, fue llamado como segundo testigo. Aunsibay pudo sacar de él muy pocas cosas en claro. Nada manifestó sobre el intento de fuga de la religiosa, y del caballo que buscaba dijo que lo quería para ir a los "fuegos" con sus amigos. Declaraciones, en fin, contradictorias e incoherentes. Su madre y su hermana, en cambio, facilitaron mucha más información.

Nicolasa dijo ser castiza, madre soltera y muy necesitada. En su testimonio declaró haber entregado a su hija Francisca para que sirviera a una religiosa de Jesús María que se encontraba "en un gran trabajo". Después, al enterarse de lo que se trataba, mandó llamar a una partera amiga suya, Ana del Río, para atender a la embarazada. La monja bajaba a la casita en "hábito de seglar" para las consultas y finalmente para el parto y la comadrona nunca se enteró de su estado religioso, pues se le decía que era "una pobre niña en reputación de doncella".

Francisca Xaviera, la última testigo, vivió los hechos en el interior del convento. Por ella sabemos que la única monja que sabía del caso era sor

María de la Trinidad, dueña de la celda donde habitaba sor Antonia. Las otras monjas no se habían enterado del hecho, no sólo porque el embarazo era ocultado bajo los amplios hábitos monacales, sino también porque las ausencias al coro y a la vida común eran continuamente justificadas por "enfermedad". Incluso cuando estuvo "achacosa de cursos" y el doctor Montaño la visitó, la consulta se hizo en el claustro y ahí le recetó los medicamentos que habían de hacerle en la enfermería conventual. Cuando nació la criatura, una hermana de Antonio Sierralta la amamantó, aunque en algunas ocasiones le solían subir la niña a su madre por la tarde, "y cuando lloraba le daba ella el pecho, porque callase y no se oyera en el convento".

Por Francisca Xaviera también se enteró el provisor de un nuevo cargo contra sor Antonia. Pasados quince días del parto, la monja bajó de su celda y fue llevada, cubierta con mantas y sobre las espaldas de un indio, a un baño público, un *temazcalli*, donde estuvo con la partera desde la mañana hasta las tres de la tarde. La ruptura de la clausura sería otro de los cargos que se le imputarían a la religiosa, tan grave como el ingreso del fraile a su celda.

El nueve de diciembre el provisor le tomó la confesión a la inculpada. Sor Antonia de San Joseph dijo tener 28 años y ser natural de Tlalpujahua aunque su infancia la pasó en Toluca, por lo que todas las monjas la llamaban "La Toluca". Sus padres Joseph de León y Petronila Ramírez la depositaron primero en el convento de San José de Gracia, donde vivió cuatro años, y después pagaron su dote para que profesara en el de Jesús María en 1685.

Cuatro días antes de entrar al noviciado, mientras paseaba en San Agustín de las Cuevas cerca de Tlalpan, Antonia conoció a fray Pedro Velázquez que era estudiante corista en el convento de San Agustín. El joven la "recuestó de amores" y ella "se inclinó por hablarle tres o cuatro veces en aquella ocasión, sin que hubiese otra cosa de por medio más que dichas palabras". Cuatro meses después de profesar, cuando sor Antonia estaba en la azotea del convento viendo la procesión de la octava de *Corpus Christi*, fray Pedro la saludó desde una casa vecina y le pidió que bajara al locutorio. A partir de ahí, ambos entablaron una continua comunicación, separados, claro está, por las rejas y el torno conventual.

Seguramente el tono de las "palabras de cortesanía" que el fraile expresaba a su nueva amiga, movieron a la madre tornera a llamar amigablemente la atención a la religiosa. Sor Antonia decidió entonces pedir a sor María de la Trinidad, su compañera de celda, la casita que poseía adosada al convento para continuar con sus charlas con mayor libertad. Sor Antonia hizo primero un agujero pequeño en la pared de la celda, "por donde podía caber tan sólo la mano" y por él hablaba con el religioso todas las veces que venía a la casa. Fray Pedro, con el pretexto de mantener una mayor seguridad y de no tener la casa sola, permitió que en ella habitaran numerosos inquilinos, especialmente del sexo femenino.

Después de un año, sor Antonia empezó a tener sospechas de que fray Pedro se quedaba a dormir algunas noches en la casa, donde se le escuchaba charlar con mujeres. Los celos la llevaron a romper con su platónico devoto y a dejarlo de ver por más de un año. Sin embargo, el amor venció al despecho y la llevó a buscarlo de nuevo y después de agrandar el agujero de la celda, le dio acceso a su lecho. A lo largo de cuatro años se sucedieron las visitas de fray Pedro a la celda hasta que sor Antonia quedó embarazada.

Gracias al minucioso cuestionario del proceso, sabemos que a lo largo de los nueve años que duró esta tortuosa relación, el fraile no hizo a la religiosa un solo regalo; ella en cambio le bordó camisas, le obsequió paños finos para sus hábitos e incluso le dio una imagen de pecho para que, empeñada en seis pesos, pagara los gastos del parto.

La segunda confesión fue tomada de sor María de la Trinidad, hija adoptiva del mercader de plata Diego del Castillo, quien le dejó al morir numerosos bienes entre los que estaba la casita del "delito". Sor María, a quien La Toluca llamaba "nana", dijo conocer a la inculpada desde que ésta había salido del noviciado; con el título de "madre", como llamaban en los conventos a las monjas que se hacían cargo de una o varias religiosas pobres, sor María recibió a sor Antonia en su celda, e incluso después le mandó labrar una propia, anexa a la suya, sobre la azotea de la casilla de la calle de la estampa. La madre Trinidad confesó haber sabido de los amoríos desde un principio, al igual que las dos muchachas que le servían. El hecho le ocasionaba muchas pesadumbres y disgustos y a menudo amenazó a sor Antonia con denunciarla a la abadesa para que terminara con el fraile. Pero nunca lo hizo "por el mucho amor que le tenía" a su protegida.

A continuación el provisor Aunsibay se dirigió al convento de San Agustín para tomar la tercera confesión, la de fray Pedro Velázquez, a pesar de los pruritos de los agustinos que consideraban esta injerencia episcopal contraria a su autonomía jurisdiccional. Aunque algunas de las declaraciones de fray Pedro en esta confesión, sobre todo respecto a los tiempos de la relación y a los inquilinos de la casita, no concordaron con las de la religiosa, en todo lo demás ambas confesiones eran semejantes.

Aunque no se especifica la relación que fray Pedro tenía con fray Diego, su nombre y apellido nos hacen pensar que el religioso pudo ser un hijo bastardo del secretario de gobernación, el hermano del padre De la Cadena. Aunque se declara huérfano nacido en Xochimilco, el joven religioso había estudiado artes y teología en el colegio de San Pablo, un espacio donde se educaban los cuadros que ocuparían los principales cargos de la provincia y que era la residencia habitual del padre De la Cadena. Era muy difícil que un huérfano, posiblemente mestizo, llegara como estudiante a esa institución controlada por el "monarca" agustino, si no fuera porque había entre fray Pedro y fray Diego una relación cercana.

Después de nombrar abogados y fiscales, y sin la asistencia de los acusados, fueron dadas las sentencias contra los inculpados. A Antonio de Sierralta y a Antonio Marcos, por complicidad en el delito, se les envió a la cárcel episcopal. Por la misma causa Francisca Xaviera y Nicolasa de la Encarnación fueron remitidas a los recogimientos cárceles de la Misericordia y de Santa María Magdalena, establecimientos que Aguiar y Seixas había ayudado a consolidar.[30] Sor María de la Trinidad fue recluida en su celda conventual y condenada a perder sus bienes, que fueron confiscados por el arzobispo Aguiar y Seixas. Cuando éste murió en 1698, se abrió su espolio (es decir la herencia que dejó) para que sus acreedores solicitaran el reembolso de sus deudas.[31] Tres monasterios femeninos exigieron la devolución de los bienes que el arzobispo les había quitado: el de San Lorenzo, porque Aguiar les expropió unas casas para dárselas al hospital de mujeres dementes del Divino Salvador fundado por él; el de San Jerónimo, para que le devolvieran joyas y dinero que pertenecían a sor Juana Inés de la Cruz y que el arzobispo le había quitado después de obligarla a vender su biblioteca y a deshacerse de sus bienes; el de Jesús María, para la reintegración de las rentas de las casas que pertenecían a sor María de la Trinidad, recién fallecida, que el prelado había confiscado como castigo por haber sido cómplice del "crimen" cometido por su compañera de celda.[32]

[30] Muriel, *Los recogimientos de mujeres.*

[31] Rubial, "Las monjas se inconforman…", pp. 61-72.

[32] Espolios de don Francisco de Aguiar y Seixas, marzo de 1703. Archivo General de Indias, *Audiencia de México*, 811.

Sor Antonia fue condenada a encerramiento perpetuo en una habitación tapiada y su muerte acaeció el 26 de junio de 1719.[33] Siete años atrás, fray Joseph Lanciego y Eguilaz, recién llegado a la sede metropolitana, quiso mitigar la pena, pero la abadesa sor Elvira de San Francisco le mostró una orden expresa del arzobispo Aguiar para que ninguno se atreviera a liberar nunca a sor Antonia. La monja estuvo emparedada 26 años.

El "caso criminal" de sor Antonia se había convertido para el arzobispo en el mejor argumento para afianzar la reforma de los monasterios femeninos que con tanta insistencia había querido llevar a cabo. En varias ocasiones había prohibido la presencia de perrillos en los claustros, había condenado las visitas excesivas en los locutorios, la inasistencia a los rezos comunitarios y el uso de joyas y encarrujados en los hábitos. Todavía en 1692, un edicto firmado por él ordenaba que las religiosas no tuvieran devociones ni dentro ni fuera de los monasterios. Ante la desobediencia de las monjas, el castigo ejemplar a sor Antonia parecía ser una advertencia del prelado para que las desobedientes esposas de Cris-

[33] Libro de profesiones del convento de Jesús María, folio 243. Agradezco a Nuria Salazar este dato que ella consultó en el archivo de dicho monasterio.

to reformaran su proceder y se redujeran a la estricta observancia.

El arzobispo Aguiar intentó también juzgar al religioso, pero los agustinos se opusieron alegando exención. Un pleito se desató entonces entre la provincia de San Agustín de México y el episcopado, pleito que aumentó aún más el escándalo. Las partes en conflicto decidieron entonces zanjar sus diferencias ante el Consejo de Indias, causa por la que el documento se encuentra en el Archivo de Sevilla. Los agustinos acusaron al arzobispo de haber promovido que el hecho se hiciera público, y alegaban que en otros casos similares se había actuado con tanta discreción que nadie se dio por enterado; en cambio, desde el momento en que el provisor llegó a Jesús María, toda la gente gritaba por las calles a lo que había ido. El episcopado, por su lado, culpaba a los frailes por la relajación en la que vivían, causa inmediata de los tristes acontecimientos.

A la larga, los agustinos hicieron un juicio privado a su hermano de hábito, que fue incluido junto con los Autos y papeles del "caso criminal". Esta documentación, que llegó al Consejo de Indias, se integró en los cuatro voluminosos legajos que había recopilado fray Joseph Sicardo, un peninsular reformador enviado a la provincia del Santísimo Nombre de Jesús de México de los agustinos, la cual desde la primera mitad de la centuria mostraba síntomas de una gran relajación y cuya reforma se vio inmersa en el proceso de pugna entre peninsulares y criollos por las alternativas. Estas se habían implementado por esa misma razón, pues se pensaba que el darle mayor participación a los peninsulares en el gobierno de las provincias traería consigo la reforma de las costumbres, pero en 1660 los criollos abolieron la alternativa con el pretexto de que no había ya en la provincia religiosos peninsulares. Esto había llevado a la Corona a enviar en 1668 a un contingente de nueve frailes castellanos encabezados por los hermanos fray Joseph y fray Juan Bautista Sicardo para restaurar la alternativa. Pero la audiencia se negó a apoyar a los recién llegados, que tuvieron que trasladarse a la provincia de Michoacán, y en la siguiente década fray Joseph Sicardo se convertiría en el principal detractor de los criollos en el poder y en uno de los más enjundiosos promotores de la reforma de la provincia.

En 1675 la reforma tuvo un éxito momentáneo gracias a la llegada del visitador fray Juan Antonio de Herrera quien, junto con Sicardo y gracias al apoyo del arzobispo virrey agustino fray Payo de Ribera reformaron la situación que se vivía en la provincia. Pero cuando el visitador Herrera y el arzobispo se fueron a España en 1680 las cosas regresaron a su cauce. Fray Diego Velázquez de la Cadena, que se había mantenido al margen en la etapa anterior, se constituía en el nuevo dirigente de la provincia y con su aval se continuaba con la relajación de costumbres. A este periodo pertenece un largo memorial dirigido a la Corona, fechado en 1682 y firmado por fray Antonio Gutiérrez, religioso muy cercano al padre Sicardo, quien acusado de apostasía había tenido que ir a Roma a defender su causa. En el memorial se volvía sobre el tema de las continuas violaciones a las constituciones y la marginación en la que estaban los peninsulares y criollos que se oponían al padre de la Cadena, a quien daba el calificativo de "monarca".

En 1684, manipulando las elecciones, fray Diego consiguió ser nombrado provincial y en 1687, para tener injerencia en el trienio siguiente, pudo influir en la elección de fray Francisco Castellanos, un religioso andaluz que estaba ilegalmente en Indias y al quien le había cedido el gobierno de dos ricos prioratos (Malinalco e Ixmiquilpan) durante los dos trienios anteriores. Con este personaje se iniciaba uno de los trienios más escandalosos de la historia agustina. Por medio del fraude y la corrupción, fray Francisco se resarció muy pronto del gasto que había hecho y, aprovechando su posición, en poco tiempo se volvió un hombre muy rico. Manejó como bienes suyos las propiedades del convento grande de México, que era su residencia y centro de operaciones. Arrendó la hacienda de Santa Mónica a su primo Juan Castellanos por una suma ridícula. Vendió después la hacienda de Tesmelucan a un sobrino de Velázquez de la Cadena y las tierras del convento de Chalma a los jesuitas. Se apropió de los "espolios" o bienes que dejaban los frailes al morir y de una parte de las limosnas que daba el rey para vino y aceite. Invirtió capital en tiendas y panaderías de la ciudad e incluso compró, por mediación de un amigo seglar, un trapiche cerca de Tzitzicaxtla para convertirlo en patrimonio del hijo que tenía con una barragana. Además de su riqueza, dos validos le aseguraban el favor de la corte: fray Agustín Dorantes, confesor dominico del virrey, y el Mariscal de Castilla. A quienes se oponían a sus abusos, como el prior de México, fray Pedro Torrubia, los azotó y puso en un cepo con la ayuda de unos rufianes que él mismo había introducido al claustro como legos.

Al finalizar el trienio su ambición lo llevó a concebir la idea de derrocar a Cadena y convertirse en "monarca". Solicitó primero el paso de agustinos de Andalucía para reforzar su facción y enseguida se atrajo a varios religiosos descontentos con fray Diego. Pero no contó con el prestigio e influencias que éste tenía aún en la corte novohispana, ni con la terquedad de Sicardo, que frustró el paso de los andaluces y logró la presidencia del capítulo para su amigo fray Antonio Gutiérrez. El religioso peninsular, uno de los pocos que continuaba con el ideal de reforma, no hizo sin embargo lo que Sicardo esperaba de él; temeroso del triunfo de Castellanos, se alió con Cadena y se sometió a sus dictámenes en el capítulo de 1690, igual que lo hiciera una década antes. El provincial criollo elegido, fray Diego de Villerías, fue así un muñeco en manos de fray Diego. Ante tales abusos, Sicardo consiguió que el Consejo de Indias y el rey ordenaran que el capítulo de 1693, que se esperaba conflictivo, fuera presidido por el arzobispo Aguiar y Seixas.

Con el apoyo del prelado, fray Antonio Gutiérrez fue elegido provincial, noticia que fue muy bien recibida en Madrid por fray Joseph Sicardo, quien continuaba reuniendo información sobre los abusos del padre De la Cadena y de su hechura, fray Francisco Castellanos. Con el nombramiento de fray Antonio, una nueva etapa de reforma se iniciaba en este trienio, se nombraban priores emprendedores para que acabaran las construcciones iniciadas de algunos templos y se solicitaba el envío de frailes desde Castilla, pues se seguía pensando que el reforzar la facción peninsular para la alternativa era la única forma de acabar con la relajación.

Cuando se descubrió el desliz de fray Pedro Velázquez con la monja de Jesús María, la provincia estaba viviendo ese proceso de reforma y fray Diego Velázquez de la Cadena, quien había manipulado a su favor las elecciones conventuales durante más de una década, era desplazado de la escena política agustina. Fray Pedro, que era uno de sus protegidos y muy posiblemente su sobrino, se convirtió en el chivo expiatorio de la purga que se estaba llevando a cabo en la provincia, purga que no podía atacar directamente a fray Diego, hermano del secretario de gobernación. Como castigo, el fraile fue enviado al priorato de Guatemala, el más lejano que tenía la provincia, en donde estuvo dos años atado a un cepo y el resto de su vida fue encarcelado en una celda conventual.

Después de ese castigo ejemplar y para afianzar la reforma, fray Antonio Gutiérrez consiguió que los votantes en el capítulo de 1696 eligieran al criollo fray Bartolomé Gil Guerrero, un antiguo contrincante del padre De la Cadena. Pero una vez en el poder, este criollo abrazó la causa de sus coterráneos y se alió con su viejo enemigo. Los intentos para hacer de la reforma una situación permanente había fracasado de nuevo y en 1702 fray Diego Velázquez de la Cadena era elegido por segunda vez provincial de los agustinos de México.

En julio de 1702, mientras Felipe V dirigía su campaña militar en Italia, la reina regente María Luisa de Saboya, enviaba en nombre del rey una carta al recién electo provincial agustino fray Diego Velázquez de la Cadena. En ella le ordenaba no permitir que en los conventos sujetos a su mando se ocultasen géneros de contrabando de China y del Perú, pues con ello se defraudaban gravemente los intereses fiscales de la Corona española. La misiva daba cuenta de un fenómeno que los monarcas borbones no alcanzaban a intuir: en la Nueva España los intereses económicos y políticos locales, los cuales no iban siempre de acuerdo con los de la Corona, habían generado durante la centuria anterior una sociedad autosuficiente, con fuertes vínculos que unían a las elites de comerciantes peninsulares con terratenientes criollos y con los sectores eclesiásticos. Las antiguas rencillas entre ambos sectores habían desaparecido y ambos, con sobornos y regalos, conseguían que virreyes y oidores enviados por el rey se alinearan a sus intereses.

Cuarta parte

El revés de la trama o cómo un documento refleja la vida cotidiana

El Auto y los "papeles" que se encuentran vinculados con él constituyen una interesante fuente de información sobre muchos aspectos de la vida cotidiana en la ciudad de México a finales del siglo XVII. Uno de los ámbitos sobre los cuales arrojan más luz dichos testimonios es el monasterio de Jesús María, espacio del que tenemos bastante información gracias a una crónica escrita por el polígrafo criollo Carlos de Sigüenza y Góngora y a varios estudios que se han avocado al tema del monacato femenino en Nueva España.

Dicho monasterio había sido fundado en el siglo XVI bajo la regla de las concepcionistas, orden reformada en tiempos de la Reina Isabel e introducida en Nueva España por el obispo fray Juan de Zumárraga. El rey Felipe II lo había tomado bajo su protección a cambio de que fuera recibida en él una de sus hijas bastardas; éste apoyo lo volvía el único recinto femenino bajo el patronato regio de todo el reino. Para el siglo XVII, sin embargo, el ideal reformador de sus fundadoras ya se había relajado, razón por la cual sor Inés de la

Cruz y sor Mariana de la Encarnación, con el apoyo del arzobispo Juan Pérez de la Serna, se desligaron de Jesús María para fundar un monasterio de carmelitas descalzas, rama recientemente reformada por santa Teresa de Ávila.

En la década de los ochenta, el convento concepcionista estaba en mal estado y las monjas decidieron solicitar la ayuda de su patrono, el rey, para lo cual encargaron a Sigüenza la redacción de una crónica que tenía por finalidad mostrar la religiosa vida que se llevaba en este recinto. El autor tituló su texto *Paraíso occidental* y, paradójicamente, no encontró mejor ejemplo para ilustrarlo que el de las dos monjas que habían salido de Jesús María para fundar el de las carmelitas. Es obvio que en la obra del polígrafo criollo no se reflejaba el contraste que había entre esos dos estilos de vida monacal, el de las relajadas concepcionistas y el de las austeras carmelitas. Como se puede constatar por el documento que nos ocupa y por las varias amonestaciones que hizo el arzobispo Aguiar a los monasterios de la Concepción, San Jerónimo y San Lorenzo, la situación por la que sor Inés y sor Mariana habían salido a fundar la nueva casa de las carmelitas seguía siendo muy vigente.

Unos años después de la edición de la crónica de Sigüenza entraba a profesar a Jesús María sor

Antonia de San Joseph, una muchacha venida de provincia, proveniente de una familia con recursos suficientes como para pagarle la dote, pero que no pertenecía a la aristocracia urbana como algunas de sus compañeras en el convento. Por ello, una vez concluido su noviciado, tuvo que adscribirse a la celda de una monja rica.

Desconocemos las razones por las cuales sor Antonia profesó en Jesús María, pero por su testimonio sabemos que ésta no era la primera casa religiosa donde había estado. Por cuatro años vivió en el monasterio de San José de Gracia, muy posiblemente como educanda en la celda de alguna monja conocida de la familia. En cambio, sor María de la Trinidad, su "nana", era una religiosa con recursos; su padre adoptivo Diego del Castillo le había comprado una celda privada en el convento, le dejó la casita adosada a los muros monacales para que recibiera de ella una renta y le mandó a una sirvienta, María de las Vírgenes, para que la ayudara. Como era común, sor Antonia solicitó quedar adscrita a la celda de su amiga en lugar de pasar a vivir en las habitaciones comunales donde pernoctaban las monjas "pobres" o sin los recursos suficientes como para tener su propio espacio.

Pero sor Antonia y sor María no eran las únicas habitantes de la celda, que constaba de dos habitaciones; además de la mestiza María de las Vírgenes, llegó también a ella Rosa, otra de las huérfanas adoptadas por Diego del Castillo, quien después de hacerle la vida imposible a la madre Trinidad, terminó por mudarse al monasterio de Santa Isabel, cuyo templo su padre había remodelado a su costa, para ingresar como novicia.

Así, el documento nos confirma algunas cosas que ya conocíamos por otras fuentes como la presencia de celdas privadas y de sirvientas y niñas que llegaban con las monjas. Por sus testamentos, sabemos que las religiosas ricas decidían sobre la venta o donación de su celda, distribuían sus posesiones entre parientes y amigos y disponían de pequeños capitales para que el capellán de las monjas celebrara misas por su alma. Esto se daba a pesar de que, en teoría, estos bienes llamados "reservas" debían pasar al monasterio a su muerte. El permiso de manejar dinero propio fue otorgado a algunas religiosas por orden del arzobispo fray Payo de Ribera en 1672, con el fin de corregir y ajustar los gastos conventuales que a menudo presentaban un estado deficitario; aunque contravenía el voto de pobreza, las monjas ricas tenían necesidad de cubrir los gastos generados por las habitantes de su celda que incluían la renovación de hábitos y la compra de alimentos.

Otro aspecto que nos deja ver el Auto son las visitas constantes en los locutorios. Esto era, quizá, lo que más molestaba a los prelados reformadores: la excesiva comunicación de las religiosas con el exterior. En 1682, el arzobispo Aguiar y Seixas mandaba notificar "a las monjas de la Concepción y San Jerónimo, no tengan ni consientan devotos en las rejas y porterías".[34] Los devotos eran "galanes" platónicos que llegaban a los locutorios a recitar versos y llevar regalos a sus amigas enclaustradas. En esos espacios de convivencia se hacían tertulias, se charlaba, se comían pastelillos y confituras y se bebía chocolate. De hecho, al arzobispo le disgustaba que las monjas tuvieran cualquier contacto humano pues, como esposas de Cristo, sólo debían pensar en agradar a su esposo y en privarse de todo goce mundano. Por ello en 1692 ordenó que no sólo debían prohibirse las "devociones" externas al convento, sino incluso aquellas que tenían las religiosas entre sí, o con sus niñas y mozas.

Gracias al Auto sabemos que tales prohibiciones no se obedecían, como lo demuestran las conversaciones de fray Pedro con sor Antonia en el locutorio, pero también se nos muestra que, cuando éstas subían de tono, las madres escuchas que

[34] Robles, *Diario...*, vol. II, p. 10.

eran los oídos y los ojos de las abadesas, podían notificarlo y cortar por lo sano dicho intercambio.

Con todo, no se podía evitar algo que formaba parte de la vida diaria y que era la comunicación de las noticias. Aunque encerradas, las religiosas estaban al tanto de todo lo que pasaba en la ciudad, no sólo por medio del locutorio. Al subir a las azoteas conventuales para mirar las procesiones durante las fiestas se podían gritar mensajes a los vecinos de las casas contiguas como sucedió con fray Pedro y sor Antonia. Es muy significativo que dichos intercambios se llevaran a cabo a pesar de las rejas que cubrían todos los espacios de comunicación de los monasterios (locutorios, coros, confesionarios), simbolizando la reclusión en la que debían vivir las monjas.

Frente al austero ideal teresiano seguido por las carmelitas o las capuchinas, en estos documentos se nos muestran unas reglas mitigadas que, sin eliminar las prácticas de oración y ascetismo, daban mayores espacios a los placeres de la mesa y de la charla, a las pequeñas vanidades del mundo, a la comunicación intensa con el exterior. Por los tornos situados en los locutorios, por ejemplo, pasaban dulces, chocolate y regalos diversos, así como medicinas. El convento de Regina era famoso por los polvos purgantes que vendía al público y por el agua "contra el mal de ojos" que se daba gratuitamente. Las clarisas también preparaban polvos, aceites, jarabes, ungüentos, emplastos y toda clase de medicinas tanto para consumo interno como para los pobres. En los locutorios era común que algunas religiosas dieran dirección espiritual. En el monasterio de las carmelitas descalzas de la capital, su fundadora, Inés de la Cruz, daba consejos a quienes se lo solicitaban (incluidos arzobispos y virreyes) y enviaba cartas a los pecadores por medio de los clérigos para conseguir su conversión.

Otro tema que aparece en estos documentos es el de la clausura. Aunque la salida de las religiosas al exterior estaba estrictamente prohibida, el ingreso de gente de fuera se permitía en determinadas ocasiones. Maestros de obras y albañiles podían entrar con el permiso del arzobispo para realizar ampliaciones o reconstrucciones en el edificio. Como sucedió con sor Antonia (a quien visitó el físico Montaño para curarla de "cursos"), médicos, cirujanos y sacerdotes llegaban a atender religiosas enfermas y moribundas en las enfermerías o en las celdas, siempre ante la presencia de las autoridades femeninas del monasterio. Otros hombres podían hablar con las monjas pero en los espacios reservados para ello: el capellán que las confesaba, lo hacía en los confesionarios empotrados en las paredes de

Exvoto del alférez Diego de la Parra en el locutorio del convento de Santa Clara, anónimo (*ca.* 1711), Museo Nacional de Arte.

la iglesia, lugares donde era imposible el contacto físico; los mayordomos, que administraban las casas de vecindad, las accesorias y los capitales que los monasterios poseían, se veían con la abadesa y la contadora en alguno de los locutorios, al igual que los notarios que elaboraban los contratos que la comunidad establecía con particulares. En algunos monasterios, como en el de San Jerónimo donde habitaba sor Juana, fueron comunes también las visitas del virrey, de la virreina y de la corte, que asistían a actos literarios y musicales dentro del claustro. Por otro lado, las visitas de las virreinas a la clausura desde su llegada a la capital se volvieron una práctica tan común en todos los monasterios, que los arzobispos tuvieron que exigir su reducción a sólo algunas ocasiones.

Junto a esos datos conocidos, el documento también nos muestra otros que podían intuirse, pero que por su sutileza no son explícitos en testimonios de otra índole. El conocimiento que tenían las sirvientas de la vida íntima de las monjas; las relaciones afectivas entre las religiosas, que movidas por la necesidad cumplían roles maternos, filiales, amistosos e incluso amorosos; la presencia de una familiaridad intraconventual tan intensa que llegaba a crear apodos como el de La Toluca; la presencia de controles fiscalizadores como los que ejercían las hermanas torneras o escuchas, pero que se manifestaban por medio de amistosas llamadas de atención.

Frente al deber ser que representaban las vidas ejemplares de monjas entregadas a brutales autocastigos y a visiones celestiales, un ideal difícil de alcanzar, muchas religiosas se conformaron con una vida cómoda y una aceptación pasiva de la condición que el mundo masculino les imponía. Algunas, sin embargo, rompieron el modelo de lo que se esperaba de ellas. Las hubo, excepcionales como sor Juana, que tuvieron acceso a la vida intelectual reservada a los hombres y con ello a un trato privilegiado. Otras, como sor Antonia, dispuestas a trasgredir las normas sobre la castidad, a violar la clausura, a hacer libre uso de su cuerpo, fueron cruelmente castigadas pues su actitud era altamente peligrosa para el orden que se intentaba imponer en la sociedad.

Con todo, el caso de sor Antonia fue excepcional; los "Autos y papeles" de este estudio nos muestran una vida que se articulaba entre la rutina monacal hecha de oraciones, prácticas devocionales y labores femeniles y los arrebatos místicos, las sangrientas flagelaciones y rigurosos ayunos y prácticas ascéticas. Para una sociedad tan obsesionada por el temor a un Dios justiciero, las religiosas, esposas de Cristo, fungían como intercesoras para aplacar la ira divina que estaba dispuesta a aniquilar a los pecadores. Su principal función social era suplicar a su esposo que no enviara epidemias, inundaciones y terremotos, por lo que gracias a ellas las ciudades estaban protegidas y menos expuestas a las catástrofes. Pero las religiosas santas eran no sólo protectoras, eran también un timbre de orgullo para las ciudades, pues la mayoría eran criollas que habían practicado sus virtudes y desarrollado su actividad milagrosa en el entorno urbano donde nacieron; a diferencia de los frailes y otros regulares, cuyas vidas servían para exaltar instancias más universales como lo eran las órdenes religiosas, las monjas pertenecían a ámbitos más particulares, como los conventos de clausura, enclaves urbanos promovidos por las oligarquías locales. Las religiosas cumplían así numerosas funciones en los ámbitos urbanos novohispanos: protección, cohesión social, educación, orgullo local e ideal de vida. De todas ellas esta última fue quizá la que más influyó a nivel individual y social: modelar las conductas femeninas para que realizaran, por medio de sus sufrimientos y oraciones, la labor benefactora que les estaba asignada.[35]

[35] Salazar Simarro, "Los monasterios femeninos", en Rubial (coord.), *La ciudad barroca*, vol. II de *Historia de la vida cotidiana*, pp. 221-259.

Pero el monacato femenino tenía también sus ventajas: las monjas estaban en una situación privilegiada respecto a las demás señoras pues gozaban de una relativa autonomía, a pesar de su dependencia del diocesano. El convento era el único espacio de autogestión que tenían las mujeres en el cual podían votar y ser votadas para los cargos directivos. Este era también uno de los pocos ambientes donde las mujeres podían recibir instrucción y desarrollar actividades intelectuales. En él disfrutaban del tiempo y del prestigio que les permitía crear, libres de maridos opresores y demandantes y sólo sujetas a unos confesores en general bastante tolerantes y a unos obispos que a menudo se mostraban respetuosos de sus mecanismos de autogestión. No había en el ámbito protestante una situación semejante.

El documento que nos ocupa, aunque indirectamente, también nos da muchos referentes respecto a la vida en los conventos de los religiosos, en especial de los agustinos. Las salidas continuas de fray Pedro del convento, la relativa libertad con la que andaba por la ciudad, sus vínculos con hombres del barrio de la Merced y su trato liberal con aquellas mujeres que el religioso llevaba a la casita anexa al convento de Jesús María, nos hablan de una profunda relajación de costumbres entre algunos de los frailes de dicha orden.

Monja coronada,
Museo Nacional del Virreinato, Tepotzotlán.

Uno de los informantes que con mayor minuciosidad describió la situación que se vivía en la provincia de México fue el entonces obispo electo de Guadiana (hoy Durango) Juan Ortega y Montañés, quien escribió el 7 de julio de 1673 un informe al rey sobre lo que encontró censurable entre dichos frailes.[36] El prelado menciona como uno de los mayores males de la provincia la distribución de los prioratos entre los criollos más ambiciosos, cuyos votos comprados con promesas de obtener nuevos cargos permitía a un grupo mantener el dominio de la provincia. Con el fin de conservar el poder, los dirigentes toleraban todo tipo de excesos y violaciones a las constituciones y reglas monásticas. Los jóvenes frailes estudiantes, como fray Pedro, andaban solos por las calles y se les podía ver en los corrales de comedias y en los toros sin ningún recato. Eran comunes los juegos de naipes en las celdas con seglares y la asistencia al coro y al refectorio era muy irregular, pues muchos comían fuera del convento en las casas de sus padres y parientes o en sus celdas, adonde sus criados les llevaban la comida de la calle. Por otro lado las enfermerías de los conventos estaban tan descuidadas, que quien podía salía a curarse fuera,

[36] Archivo General de Indias, *Audiencia de México*, 706.

a la casa de sus padres o amigos. Todo eso se originaba porque los prelados se apropiaban de las rentas y obvenciones para su uso personal y dejaban a los conventos sin recursos. El discurso de Ortega no ofrecía una solución al problema, pero daba a entender que éste era ocasionado por el poder absoluto que tenían los frailes criollos y por la marginación en que se encontraban los peninsulares en la toma de decisiones.

Una década antes, en 1660, la facción criolla había logrado la anulación de la alternativa, y durante 15 años dos frailes emparentados con poderosas familias terratenientes y con fuertes vínculos en la corte virreinal —fray Hernando de Sosa y fray Marcelino de Solís— se habían convertido en "monarcas". La llegada de los hermanos fray Joseph y fray Juan Bautista Sicardo y de su grupo en 1668 y su intento frustrado por restaurar la alternativa y reformar la provincia, no habían conseguido terminar con la situación. Así, mientras su hermano fray Juan Bautista regresaba a España a buscar apoyos, fray Joseph se retiraba a la provincia de Michoacán, desde donde se dedicaría a juntar materiales y a escribir cartas informando al consejo de Indias y a las autoridades de la orden sobre lo que sucedía.

A causa de las reiteradas peticiones enviadas a la Corona por los Sicardo y otros religiosos y autoridades eclesiásticas, en 1675 se mandaba a fray Juan Antonio de Herrera como visitador encargado de corregir las relajadas costumbres y castigar los abusos en la provincia agustina. Este religioso, en una carta a la reina fechada el 3 de mayo de 1678, informaba lo que había ordenado durante la visita: quitó el hábito a siete novicios mulatos, grupo considerado no apto para el sacerdocio; prohibió a los religiosos ir a comedias y toros y vestir con capas y sombreros como los seglares; obligó a todos los frailes a comer en comunidad en el refectorio; y ordenó que nadie tuviera criados personales. Después de hacer una visita a varios conventos de la provincia dictó cuatro disposiciones que debían guardarse para mantener la reforma: que todos los conventos fueran visitados por los provinciales a lo menos una vez al trienio; que la concesión de hábitos de la orden se diera sólo a sujetos dignos, hijos legítimos de padres españoles; no se debía conceder el oficio de prior a quien no conociera alguna de las lenguas indígenas; y debía crearse un archivo general para guardar las escrituras de las propiedades de los conventos y evitar que se siguieran perdiendo.[37]

[37] Archivo General de Indias, *Audiencia de México*, 309.

Con el apoyo del arzobispo virrey agustino fray Payo de Ribera, esas reformas habían logrado implantarse, pero con la salida del visitador y el traslado del prelado a España, las cosas habían regresado a su cauce. El padre De la Cadena había restaurado la "monarquía criolla" y, como vimos, comenzaba a ejercer su control sobre la provincia agustina con apoyo de su hermano Pedro, el secretario de gobernación.

En ese ambiente ingresó en 1682 fray Pedro Velázquez como novicio a la orden agustina y es muy posible que su relación con fray Diego le diera la oportunidad de ascender una vez que hizo sus votos en 1683. Sus estudios en el colegio de san Pablo, lugar donde se formaban los cuadros dirigentes de la provincia, nos hacen pensar en el destino que fray Diego le tenía deparado. Toda la información proporcionada sobre él en el "Caso criminal", nos lo muestra como un candidato que formaría parte del engranaje de la "monarquía criolla", pues encajaba a la perfección con el perfil del fraile "ambicioso y relajado" que nos dan otras fuentes. Su "crimen", seducir a una religiosa, se insertaba en los legajos que contenían cartas, informes y documentos, como una prueba más de la situación de corrupción y relajación en la que los frailes criollos tenían sumida a la provincia de México.

Además de estos rasgos de la vida interior conventual, tanto masculina como femenina, el documento nos da interesantes datos sobre la cotidianidad de los grupos marginados que se vieron implicados en el escandaloso suceso. Los testimonios más ricos al respecto fueron el de fray Pedro y el de Antonio de Sierralta, por los cuales sabemos, por ejemplo, sobre la gran movilidad de inquilinos que había en las casas de alquiler. La primera que llegó a vivir a la casita invitada por fray Pedro fue una vieja llamada Margarita; después trajo a un matrimonio y finalmente llegaron las hermanas Juana y Antonia Lucio, de quienes fray Pedro "hizo confianza para que en su tiempo dicha religiosa hiciese el agujero de la parte de las vigas de arriba, donde cae la celda y habitación suya, hacia un rincón de ella, el cual ocultaba y tapaba con una caja". Una vez que se enteró de su embarazo, fray Pedro pidió a Antonio que se fuera a vivir a la casita con su madre, Juana de Suleta, y ésta solicitó a su amiga Nicolasa de la Encarnación le "prestara" a su hija Francisca Xaviera para que atendiera a la monja dentro del convento: "porque no se atrevieron que otra lo hiciera, para que no la viese y reconociese la barriga".

Otro de los temas de vida cotidiana que se refleja en el documento es el de las prácticas y situaciones que se generaban alrededor del parto. A partir del documento podemos intuir las relaciones profesionales y afectivas que se dieron entre la partera Ana del Río y sor Antonia y descubrimos que por cada visita cobraba dos reales, los cuales entregaban las religiosas a Antonio de Sierralta, encargado de llevar a la partera y de hacer los pagos. Gracias también a su testimonio sabemos que "la partera apretaba y le hacía las diligencias que se necesitan y se hacen a las preñadas. Y esto sucedió en más de doce a catorce veces hasta que llegó a parir, que fue en la sala de la casa, donde tenía puesta una cama, y en ella se estuvo como ocho días".

En su testimonio Nicolasa de la Encarnación agregaría que la partera: "la veía, la apretaba y decía que no era parto aún y luego se iba sin haber visto nunca por dónde salía del convento". Para Nicolasa era necesario que sus amigas Juana de Suleta y Ana del Río no fueran inculpadas como cómplices del "crimen", por ello la insistencia en señalar que ninguna de las dos sabía que la muchacha era una religiosa: "Yo les decía que era una pobre niña en reputación de doncella, que se salía de su casa a visitar a una tía suya, de donde se pasaba a ésta". Tal explicación debió parecer convincente, pues no debía ser poco común que las muchachas "decentes" acudieran a estas comadronas a escondidas para librarse de un hijo no deseado.

Sin embargo, ninguno de los dos testigos declararon que, después de 15 días, llevaron a sor Antonia al *temazcalli*, pues eso implicaba, como bien sabían, un nuevo delito al romperse la clausura conventual. El dato se lo debemos a la indiscreción de la hija de Nicolasa, Francisca Xaviera, quien declaró: "pasados los ocho días subió y salió al convento, y pasados quince días bajó para que la llevaran a un baño y la cargó un indio, y estuvo allá desde la mañana hasta las tres de la tarde. Y algunas ocasiones le solían subir a la niña por la tarde, y cuando lloraba le daba ella el pecho, porque callase y no se oyera en el convento". La situación debió parecer demasiado peligrosa a los participantes, por lo que se decidió que la hermana de Antonio Sierralta, Catalina Josefa, se hiciera cargo de la niña y le diera de mamar, "aunque a veces le subíamos la criatura a la religiosa a su celda para que la acallase, y la solía tener algunas veces una tarde, y la volvía a entregar por el escotillón".

El rico testimonio de Sierralta nos da un último detalle sobre la niña: "nos la llevamos a la catedral un domingo por la mañana y le pusimos por nombre Juana María Teresa. Yo convidé a Don Joseph de Contreras, contador de la aduana, para que fuese padrino, diciéndole que era un huerfanito que me habían echado y sin que él supiese cosa alguna". Apadrinar huérfanos era un acto de caridad que podía redituar también beneficios, como hacerse de una servidumbre de ahijados fiel y permanente y afianzar lazos clientelares entre los poderosos y los sectores menos favorecidos.

Otro aspecto que se deja entrever en los Autos es que los paseos y las fiestas eran espacios de encuentros inesperados. La primera vez que Antonia y Pedro coincidieron fue en San Agustín de las Cuevas, zona residencial en las inmediaciones del pueblo de Tlalpan donde varias familias de la aristocracia tenían sus casas de campo y cuyas huertas eran muy concurridas por ser un lugar propicio para el galanteo amoroso.

Además de poseer una casa de campo en San Agustín de las Cuevas, en San Ángel o en Tacubaya, era propio del estatus aristocrático tener un palacio urbano, poseer esclavos y sirvientes, carruajes y palanquines, ropa suntuosa, joyas y objetos de lujo. Era también necesario ser titular de una capilla funeraria familiar en algún templo o del patronazgo de un convento, dotar huérfanas y ayudar con limosnas a hospitales y orfanatos por medio de cláusulas testamentarias. Los nobles pertenecían igualmente a las instituciones más destacadas del virreinato y a las cofradías más exclusivas, varios poseían un título de alguna de las órdenes de caballería españolas (Santiago, Calatrava o Alcántara) y para los comerciantes detentar un nombramiento de capitán de milicias era un medio de obtener prestigio. El estatus se mantenía además con una buena política matrimonial, mediante la cual no sólo se entablaban relaciones familiares con los otros miembros del grupo, sino también se afianzaba el futuro del linaje. El único matrimonio válido era el eclesiástico y sólo los hijos de la unión bendecida por la Iglesia eran considerados legítimos, por lo cual los bastardos estaban condenados a buscar mecanismos de supervivencia y ascenso, siendo los ámbitos eclesiásticos los más proclives a aceptarlos.

San Agustín de las Cuevas era un espacio cortesano donde había casas de campo rodeadas de huertas, propiedad de los más encumbrados personajes de la política. Ahí, además de practicar la equitación o la caza, los ricos invitaban a sus amigos a tertulias, banquetes, bailes y saraos; durante estas estancias también se hacían acompañar de un numeroso séquito, una "clientela", de parientes y allegados, los llamados paniaguados. Es muy posible que fray Pedro, siendo aún corista (es decir estudiante preparándose para el sacerdocio) acompañara a su padrino fray Diego a una de esas tertulias donde el hermano del secretario de gobernación arreglaba muchos de sus negocios y manejos políticos.

En un gran lienzo que se encuentra en el museo de América de Madrid se nos muestra este espacio en el que convivían ricos y pobres, cercano a la fuente de agua que aún hasta hoy se llama Peña Pobre. Los "pudientes" están representados por una pareja de criollos que cabalgan sobre briosos caballos; los segundos se muestran alrededor de los puestos de comida y de pulque, cantando coplas al son de la guitarra o peleando en una disputa de ebrios. En el fondo una escena del juego del volador, un matrimonio de indios y unos fuegos pirotécnicos nos muestran el espacio festivo en el cual tuvieron su primer encuentro Pedro y Antonia.

La segunda situación que se dio entre ellos fue en la infraoctava de *Corpus Christi*, es decir, al final de los ocho días de fiesta que duraba esta celebración, la más importante y concurrida del año entre la temporada de secas y la de lluvias. El primero y el último día de dicho festejo se realizaba una procesión en la que todos los cuerpos sociales representaban esa parte del cuerpo místico de Cristo, que era la iglesia militante, la cual se reunía alrededor del cuerpo "real" del Salvador que se creía presente en la Eucaristía. Así, la custodia que resguardaba la hostia que lo contenía iba acompañada de un cortejo formado por los gremios y cofradías en orden de importancia, seguidos por las órdenes religiosas, los jueces del tribunal de la Inquisición y los miembros del ayuntamiento, del consulado de comerciantes y de la universidad; el arzobispo y su cabildo, el virrey y los oidores de la audiencia, representantes de la autoridad, cerraban el cortejo y representaban la cabeza de ese cuerpo que era la sociedad. La desigualdad, el orden jerárquico y la estabilidad eran considerados no sólo elementos socialmente útiles, sino también cualidades impuestas por Dios tanto al hombre como al universo. Al igual que en toda fiesta, en la del *Corpus* se manifestaba no solamente el mensaje social de unidad y jerarquía: durante ella el orden cotidiano se rompía y eran permitidos el exceso en comidas y bebidas, la risa, el disfraz, el desfogue.[38] Muchas fuentes nos informan que el espacio festivo llenaba las calles y las plazas, pero por el Auto sabemos que su eclosión inundaba también las azoteas, los balcones y el aire todo de la ciudad. El segundo encuentro entre Antonia y Pedro tuvo este escenario de ruido, fiesta, exceso y alegría.

[38] Farré Vidal, *Espacio y tiempo…*

Trás de los testimonios recogidos por el provisor Antonio de Aunsibay podemos descubrir el ensordecedor y agobiante tocar de las campanas, los gritos de los vendedores ambulantes, las picardías de los mestizos y mulatos y las conversaciones en náhuatl, en angoleño y en castellano que llenaban, día a día, las plazas, los canales y las calles de la cosmopolita ciudad de México. Podemos imaginar a hombres y mujeres vestidos de acuerdo con su condición social, con su "calidad" como se decía en la época, deambulando por ella, paseando sus odios, sus amores, sus esperanzas, sus deseos y sus frustraciones. Los caballeros españoles, vestidos a la usanza de la península, llevaban ricas casacas y sombreros y portaban espadas, más por adorno que por protección; sus damas, con amplios y estorbosos vestidos, paseaban siempre en lujosos palanquines cargados por esclavos enjoyados o en carruajes. Mestizas y mulatas, al no estar sujetas a la moda española, se vestían con alegres colores, con faldas de grandes vuelos y corpiños de atrevidos escotes; sus hombres, buscando parecerse a los españoles, usaban ropa que imitaba la de éstos. Los indios, en cambio, llevaron siempre los pantalones y camisas de manta que les impusieron los frailes desde el siglo XVI, mientras que sus mujeres, con sus huipiles y refajos, cargaban a los niños a la espalda con sus rebozos. En una sociedad como la novohispana, el vestido era sólo uno de los muchos símbolos que denotaban la necesidad de remarcar las diferencias y los estratos. La religión, que mostraba a los fieles que había un cielo a cuya cabeza estaba Cristo rey rodeado de una corte de santos, y que promovía virtudes como la humildad y la obediencia y valores de sujeción, hacía posible la sacralización de las jerarquías. De la preservación y trasmisión de esos símbolos dependía la estabilidad y el mantenimiento del orden.

Por ello, los marginados como Nicolasa, madre soltera que seguramente sobrevivía con la venta de comida en algún puesto ambulante, necesitaban inventarse un apellido religioso y una calidad de castiza (lo más cercano al español) para tener cierta ascendencia social. Por ello en su confesión se mostró humilde y obediente, haciendo gala de que había pecado por ignorancia, y exculpando a sus hijos y a sus amigas de toda complicidad.

Pero el orden y la convivencia pacífica no sólo se conservaban gracias a que todos tenían asimilados los valores de sumisión a la jerarquía. Este orden se daba además gracias a que una convivencia intensa y cotidiana entre los distintos sectores posibilitaba la consolidación de lazos afectivos y la presencia de solidaridades que los unían más allá de las marcadas diferencias sociales. El terreno de la magia fue uno de ámbitos de comunicación donde los diversos grupos encontraron un lenguaje común. La vida cotidiana de los aristócratas y de las capas medias se vio influida profundamente por una cultura popular que tenía sus raíces en el mundo indígena y africano. Junto con la magia, la comida de sabor fuerte, la música rítmica y un español cargado de nahuatlismos fueron algunos de los elementos populares que permearon todos los grupos sociales, hecho que se refleja también en los testimonios. Ejemplo de ello fue el haber llevado a sor Antonia al *temazcalli* para su purificación después del parto, práctica común a muchas tradiciones.

Este fenómeno fue posible gracias a una intensa convivencia cotidiana. La nodriza mestiza que trasmitía tradiciones indígenas a los niños criollos; el patrón que apadrinaba al hijo de su obrero; el ama que hacía uso de un remedio mágico facilitado por la curandera india; el rico señor que daba empleo a los hijos tenidos con su amante mulata. En esos ámbitos, en lo doméstico, en lo laboral, las diferencias jurídicas, étnicas y económicas se hacían a un lado para dar lugar a los vínculos afectivos y a las solidaridades, a menudo conformadores de lazos clientelares.

Esto explica por qué un grupo de mestizos del barrio de San Gregorio prestó ayuda en un trance difícil a una joven criolla y, ante la desgracia que le aconteció, se hicieron cargo momentáneamente de la niña que había nacido de sus amoríos ilícitos. Fuera del colegio de San Juan de Letrán, no existía en la ciudad una casa de expósitos y a menudo los niños no deseados eran depositados en las porterías de los monasterios o eran adoptados por las familias que no tenían descendencia, como sucedió con los entenados de Diego del Castillo. Es muy probable que al final la hija de sor Antonia fuera adoptada por su padrino de bautizo, el contador de la aduana Joseph de Contreras, pues era lo que se acostumbraba. Por otro lado, el que Antonio de Sierralta o fray Pedro Velázquez o fray Diego le hubieran conseguido a tal personaje para apadrinarla, es un ejemplo también de esos "favores" que formaban parte de los vínculos clientelares que constituían el complejo entramado social.

Documentos como los Autos y papeles, al igual que todos aquellos emitidos por cualquier aparato judicial, no sólo son una fuente privilegiada para estudiar la mentalidad y la vida cotidiana de los que no tenían voz pública, sirven también para analizar el discurso de la represión. Este discurso, muestra clara de los controles masculinos ejercidos por los obispos, por los directores espirituales y por los confesores sobre la actividad de las monjas, presenta una serie de premisas fundamentales que se dejan traslucir a lo largo del documento que nos ocupa. El encerramiento de la mujer, considerada como un ser débil, peligroso e instrumento de Satán, era para los moralistas y censores el único medio que se tenía para protegerlas y para evitar a los varones las tentaciones que traían su presencia y su cuerpo. La ruptura de la clausura las ponía en peligro a ellas y a los demás.

Esa obsesiva insistencia en el voto de castidad, sobre los de pobreza y obediencia, convertían a los monasterios femeninos en custodios de la virtud, además de lugares de santificación. La idea, expresada desde el momento mismo de la profesión, de que las religiosas debían actuar como "muertas en vida", las incitaba a renunciar a todos los placeres humanos, y más que ninguno a los de tipo sexual; los ayunos y flagelaciones se convertían en los mejores instrumentos para resistir a las tentaciones de la carne, mucho más fuertes en la mujer cuyo cuerpo, desde Eva, se consideraba inclinado naturalmente hacia el mal y proclive a ser seducido por el Demonio. De ahí la necesidad de castigar a aquellas que no estuvieran convencidas de que el pecado estaba emplazado en su interior y que para acabarlo era necesaria la autodestrucción y no la condescendencia.

La castidad en las monjas tenía además otro matiz. Al profesar, la religiosa se convertía en esposa de Cristo; la metáfora del matrimonio místico, inspiradora de una religiosidad marcadamente femenina que se remonta al siglo XIII, se había convertido para el XVII en una realidad física. Cristo era un marido celoso y sus esposas debían guardarle una fidelidad absoluta. La ruptura de esta promesa, que en las mujeres seglares se llamaba adulterio, en las monjas se volvía un sacrilegio, pecado sólo comparable en gravedad con la nefanda sodomía, nombre con el cual se conocía la homosexualidad.

Había, sin embargo, algo más grave que el pecado y era el escándalo. La insistencia en que los testigos juraran guardar el caso en secreto, las preguntas relacionadas con el conocimiento que las monjas o las sirvientas tuvieron del hecho, los cuestionamientos acerca del número de frailes, de seglares o de religiosas que entraban, salían o se comunicaban por el escotillón a la celda, todo estaba relacionado con la necesidad de evitar por todos los medios la publicidad. Al hacerse pública la transgresión del orden establecido no sólo se ponía en peligro el mantenimiento de las estructuras, sobre todo se estaba dando un mal ejemplo. El pecado era considerado como una enfermedad que se contagiaba, por lo que era necesario aislar al pecador, incomunicarlo para que no contaminara a sus congéneres.

La mujer era un ser débil y peligroso, pero era también un ser libre. Al hacer sus votos perpetuos se le preguntaba si entraba de manera forzada o por propia voluntad. A pesar de que en muchos casos la vocación había sido decidida por los padres desde el nacimiento, una vez hechos los votos y declarada la voluntad, la religiosa era responsable de todo acto que implicara la ruptura de su promesa, como lo era también de la búsqueda del perdón mediante la confesión y el arrepentimiento. Lágrimas abundantes, muestra clara de una verdadera contrición, fueron muy bien vistas y registradas, a pesar de que el reconocimiento de la falta se consiguió por un proceso judicial.

El "Caso criminal" imputado a sor Antonia y a fray Pedro estaba inmerso en la política reformadora de la vida monástica femenina que el arzobispo Aguiar y Seixas había iniciado desde su llegada a la Nueva España. Es bien conocida la misoginia del prelado, de la que sor Juana fue una víctima más, y su obsesión por mantener a las mujeres encerradas en recogimientos y conventos y reducidas a una vida de abstinencia y renuncia. Por otro lado, Antonio de Robles en su *Diario* y otras fuentes insisten en las continuas prohibiciones que el prelado emitió contra los devotos en las rejas, contra la posesión de perrillos falderos, e incluso contra las "devociones" que tenían las monjas entre ellas o con sus niñas educandas y sirvientas.[39]

No sabemos qué tan exitosa fue la política reformadora de Aguiar, pero sin duda, como toda legislación, su cumplimiento estuvo matizado por una laxa aplicación. A raíz de la rebelión de 1692 el arzobispo, dadivoso hasta un extremo patológico, se ganó una enorme popularidad frente a la cada vez más menguante figura del virrey conde de Galve, a quien se culpaba de los funestos acontecimientos. Esta posición privilegiada le permitió tener una mayor injerencia en los asuntos públicos y le dejó las manos libres para llevar a cabo la reforma moral de la sociedad que tanto anhelaba. El caso de sor Antonia era una muestra clara de la necesidad de practicar una política férrea para

[39] Robles, *Diario…*, vol. II, pp. 19 y 140. Edicto del arzobispo Francisco de Aguiar y Seixas, Archivo de la Secretaría de Salubridad y Asistencia, G.I., leg. 78, exp. 1598. Agradezco a Nuria Salazar el haberme facilitado este documento.

acabar con la "relajación" presente en algunos monasterios femeninos; el castigo de la religiosa transgresora debía ser ejemplar pues con él se reforzaría la reforma conventual.[40]

La restauración de la disciplina monacal, no obstante, debía ser llevada a cabo con total discreción, evitando todo escándalo, pues con él se dañaba el prestigio de las instituciones eclesiásticas que debían salvaguardar el orden y la moral. Por ello, el arzobispo ordenó al "auxilio de la real justicia" que, "por ser causa de tanta gravedad", la captura de los seglares implicados en el delito debía hacerse con "el secreto que se requiere [...] para que no se haga público el caso". Pero, a pesar de la insistencia en guardar la discreción debida, el escándalo de los amores de sor Antonia y fray Pedro se hizo público, tanto que hasta el mismo Antonio de Robles, un clérigo secular simpatizante del arzobispo Aguiar y contrario a los frailes, lo registró en su *Diario* en esta extensa noticia llena de inexactitudes:

[40] La numerosa bibliografía sobre sor Juana menciona su relación con este arzobispo, pero aún no hay una biografía completa de tan controvertido personaje. Sólo se pueden consultar la hagiografía escrita por su confesor Joseph de Lezamis y los tres sermones fúnebres que se imprimieron a raíz de su deceso.

> Caso raro. Lunes 7 de diciembre de 1693. Como a las once del día denunció un clérigo ante el señor arzobispo, que una monja de cierto monasterio de esta ciudad estaba en amistad carnal había más de dos años con un religioso sacerdote de cierta orden, de quien había concebido y parido una criatura hija; y que en una casa accesoria de dicho monasterio, donde vivía un mulato, se comunicaban; y habiendo hecho las diligencias el provisor Ldo. don Antonio de Aunsibay y Anaya se averiguó ser verdad todo lo referido; y reconociendo la criatura se halló que tenía en la cabeza señalada una corona; y a la monja se condenó a estrecha clausura perpetua en una celda y queriendo proceder contra el fraile, formó competencia su prelado diciendo le tocaba a él el conocimiento de su delito y castigo, sobre [lo] que se hicieron escritos por diferentes personas de letras, clérigos y religiosos, por ambas partes; últimamente ellos escondieron su fraile y después, [se] dijo, lo enviaron a La Habana, y se quedó así.[41]

La cita de Robles tiene el interés de mostrar algo que la era barroca, maestra de la nuestra, tuvo como una de sus características más notables: fomentar por un lado el morbo público sobre he-

[41] Robles, *Diario…*, vol. II, p. 297.

chos escabrosos y, por el otro, ocultar y distorsionar la información. Para una sociedad chismosa y morbosa como la novohispana algo así debió ser la comidilla de varias semanas en las tertulias, en las cocinas, en los locutorios, en las plazas y en las vecindades.

Gracias al interés que nuestra época tiene por la historia y por la recuperación de esos retazos de vida contenidos en los documentos de los archivos y bibliotecas, se siguen escuchando los ecos de esas conversaciones suspendidas en el tiempo. Con su recuperación no sólo tendemos puentes entre el pasado y el presente, también podemos comprender mejor al ser humano en su unidad y en su diversidad. El hombre contemporáneo es consciente de la historia como ningún otro lo había sido; por ello, la visión del pasado, iluminada con el conocimiento actual que tenemos de la humanidad, enriquece la conciencia del presente, una conciencia que de manera crítica nos permita construir una sociedad más justa y tolerante y soñar con un futuro mejor para la humanidad.

Obras citadas

Fuentes primarias

GEMELLI CARERI, Giovanni Francesco, *Viaje a la Nueva España*, introducción, traducción y notas de Francisca Perujo, México, Instituto de Investigaciones Bibliográficas, Universidad Nacional Autónoma de México, 1976. (Nueva Biblioteca Mexicana, 29).

Instrucciones y memorias de los virreyes novohispanos, 2 vols., Ernesto de la Torre Villar y Ramiro Navarro (ed.), México, Porrúa, 1991-1999.

LEZAMIS, José de, *Dedicatoria y breve relación de la vida y muerte del Illmo. y Rmo. Señor Dr. D. Francisco de Aguiar y Seixas, arzobispo de México, mi señor*, México, Imprenta de María Benavides, 1699.

ORTEGA Y MONTAÑÉS, Juan de, *Instrucción reservada al conde de Moctezuma*, prólogo de Norman F. Martín, México, Editorial Jus, 1965.

ROBLES, Antonio de, *Diario de sucesos notables*, 3 vols., México, Editorial Porrúa, 1972.

SIGÜENZA Y GÓNGORA, Carlos, *Alboroto y motín de los indios de México*, apéndice B, Irving A. Leonard, *Don Carlos de Sigüenza y Góngora, un sabio mexicano del siglo XVII*, México, Fondo de Cultura Económica, 1984.

Sigüenza y Góngora, Carlos, *Paraíso occidental*, Margo Glantz (ed.), México, Universidad Nacional Autónoma de México–Centro de Estudios de Historia de México Condumex, 1995.

Vetancurt, Agustín de, *Teatro mexicano. Descripción breve de los sucesos ejemplares históricos, políticos, militares y religiosos del Nuevo Mundo occidental de las Indias* [México, 1698], México, Porrúa, 1982. (Biblioteca Porrúa, núm. 45.)

Obras de interpretación

Aguirre Salvador, Rodolfo, *El mérito y la estrategia. Clérigos, juristas y médicos en Nueva España*, México, Centro de Estudios sobre la Universidad, Universidad Nacional Autónoma de México–Plaza y Valdés, 2003.

Alberro, Solange, *Del gachupín al criollo, o de cómo los españoles de México dejaron de serlo*, México, El Colegio de México, 1992. (Jornadas, 122).

Cope, Robert Douglas, *The Limits of Racial Domination. Plebeian Society in Colonial Mexico City (1660-1720)*, Madison, The University of Wisconsin Press, 1994.

Escamilla González, Iván, "La corte de los virreyes", en Pilar Gonzalbo (dir.), *Historia de la vida cotidiana en México*, II. *La ciudad barroca* (introd. y coord. de Antonio Rubial), México, El Colegio de México–Fondo de Cultura Económica, 2004, pp. 371-406.

FARRÉ VIDAL, Judith, *Espacio y tiempo de fiesta en Nueva España (1665-1760)*, Madrid, Iberoamericana–Verbuert–Bonilla Artigas Editores, 2013.

GONZALBO AIZPURU, Pilar, *Vivir en Nueva España. Orden y desorden en la vida cotidiana*, México, El Colegio de México, 2009.

LAVRIN, Asunción, *Las esposas de Cristo. La vida conventual en la Nueva España*, México, Fondo de Cultura Económica, 2016.

MURIEL, Josefina, *Los recogimientos de mujeres*, México, Instituto de Investigaciones Históricas, Universidad Nacional Autónoma de México, 1974 (Serie de Historia Novohispana, 24).

PORRAS MUÑOZ, Guillermo, "La calle de Cadena en México", *Estudios de Historia Novohispana*, vol. V (1974), pp. 1-46.

RUBIAL GARCÍA, Antonio, "Fray Diego Velázquez de la Cadena, un eclesiástico cortesano en la Nueva España del siglo XVII", en *Anuario de Estudios Americanos*, Sevilla, Escuela de Estudios Hispanoamericanos, 1989, vol. XLVI, pp. 173-194.

——, *Una Monarquía criolla, La provincia agustina de México en el siglo XVII*, México, Consejo Nacional para la Cultura y las Artes, 1990 (Colección Regiones).

——, "Un mercader de plata andaluz en Nueva España. Diego del Castillo (161?-1683)", en *Suplemento del Anuario de Estudios Americanos*, Sevilla, Escuela de Estudios Hispanoamericanos, 1992, vol. XLIX, pp. 143-170.

——, "Las monjas se inconforman; los bienes de sor Juana en el espolio del arzobispo Aguiar y Seixas", *Tema y variaciones de Literatura*, núm. 7 (1996), pp. 61-72.

——, "Los conventos mendicantes", en Pilar Gonzalbo (dir.), *Historia de la vida cotidiana en México*, II. *La ciudad barroca* (introd. y coord. de Antonio Rubial), México, El Colegio de México–Fondo de Cultura Económica, 2004, pp. 169-192.

——, *Monjas, cortesanos y plebeyos. La vida cotidiana en la época de sor Juana*, México, Taurus, 2005.

——, *El paraíso de los elegidos. Una lectura de la historia cultural de Nueva España (1521-1804)*, México, Fondo de Cultura Económica–Facultad de Filosofía y Letras, Universidad Nacional Autónoma de México, 2010.

——, "La labor educativa al interior de las órdenes mendicantes en Nueva España", en Joaquín Santana Vela y Pedro S. Urquijo Torres (coord.), *Proyectos educativos en México. Perspectivas históricas*, Morelia, Centro de Investigaciones en Geografía Ambiental–Universidad Nacional Autónoma de México, 2014, pp. 61-94.

SALAZAR SIMARRO, Nuria, "Los monasterios femeninos", en Pilar Gonzalbo (dir.), *Historia de la vida cotidiana en México*, II. *La ciudad barroca* (introd. y coord. de Antonio Rubial), México, El Colegio de México–Fondo de Cultura Económica, 2004, pp. 221-259.

Un caso criminal de oficio de la justicia eclesiástica
se terminó de imprimir en agosto de 2017,
en los talleres de Offset Rebosán, S.A. de C.V.,
Acueducto 115, Col. Huipulco, Tlalpan,
14370, Ciudad de México.
Portada de Rosalba Alvarado.
Tipografía y formación:
Socorro Gutiérrez, en Redacta, S.A. de C.V.
Cuidó la edición Antonio Bolívar.